En el camino del peregrino a Trondheim

© Tapir Academic Press, Trondheim 2008

ISBN 978-82-519-2306-4

This publication may not be reproduced, stored in a retrieval system or transmitted in any form or by any means; electronic, electrostatic, magnetic tape, mechanical, photo-copying, recording or otherwise, without permission.

This book has been published with founding from and in cooperation with:

- Pilot Project the Pilgrim Way
- Stiklestad National Cultural Centre
- Sør-Trøndelag County Administration
- Trondheim Local Authority

Layout: Tapir Academic Press
Printed by: 07 Gruppen AS

Editor: Stein Thue
Translation: Amesto Translations AS

Photo cover: Th. kittelsen "Langt langt borte saa han noget lyse og glitre" (Soria Moria slott).
/"Far in the distance he saw something shining and shimmering" (Soria Moria castle).
Photo: J. Lathion © Nasjonalmuseet 2008

Tapir Academic Press
NO–7005 TRONDHEIM
Tel.:   + 47 73 59 32 10
Fax: + 47 73 59 84 94
E-mail: forlag@tapir.no
www.tapirforlag.no

Foto de Pål Ove Lilleberg →

En el camino del peregrino
a Trondheim

tapir akademisk forlag

Índice

Varios caminos del peregrino	5	El paisaje medieval	32
El peregrino errante	7	La ciudad peregrina junto a Nidelven	34
El rey santo	9	La catedral de Nidaros	40
Stiklestad: un punto de coyuntura	14	Insignias peregrinas	46
En el mar y en la tierra	16	Iglesias de Olav en Europa	48
Mapa del camino del peregrino a Trondheim	18	Mapa de Trondheim	50
Desde Sundet hasta Nidaros	20	Bienvenidos a Trondheim	52
Desde Saksvikkorsen hasta Nidaros	26	Una breve historia de Trondheim	57
La ciudad peregrina junto a Nidelven	26	Rutas peregrinas en Europa	60
		Bibliografía	61

Foto de Pål Ove Lilleberg

Varios caminos del peregrino

Los peregrinos de la Edad Media seguían el camino de la gente denominado "tjodvei", que era la autopista de aquellos tiempos. En otras palabras, los peregrinos no sólo encontraron una única ruta hacia su destino, sino que existían muchos caminos del peregrino hacia Nidaros. El mapa (página 16) muestra siete de ellos, incluida la ruta marítima. Las autoridades locales han colocado letreros indicadores y señales para ayudar a los peregrinos modernos a encontrar su camino en largas o cortas excursiones a lo largo de los antiguos caminos y senderos.

Entre los muchos caminos que llevan a Nidaros (anteriormente llamado Trondheim), se decidió hacia fines de la década de 1990 señalizar la ruta desde Oslo hasta Gudbrandsdalen y la ruta desde Suecia que pasa por Stiklestad, una distancia que en total alcanza los 930 km. Después de 1997, el camino del peregrino a través de Østerdalen, la ruta desde Skardøra hasta Trondheim, el camino del peregrino que va desde Grong hasta Stiklestad (Nordveien, la ruta del norte) y el sendero oriental de Oslo a Hamar también han sido señalizados, mejorados y aprobados como caminos del peregrino. Diez años después de que se abrieron las primeras rutas del peregrino en 1997, actualmente contamos con aproximadamente 2.000 km de caminos del peregrino señalizados que serpentean unos 45 municipios.

Los peregrinos se abrieron camino hasta el santuario de San Olav en la catedral de Nidaros durante un poco más de quinientos años; desde 1031 hasta la Reforma en 1537. Ahora, casi quinientos años después de que las peregrinaciones han llegado a su fin, nuevamente invitamos a la gente a caminar por los senderos de los peregrinos para disfrutar de los beneficios de la vida al aire libre, las particulares experiencias culturales y la reflexión personal.

El caminante se atreve a dejar atrás todo lo que le es cercano y querido, y deambula por un nuevo paisaje en el cual se convierte en un *peregrino*, un trotamundos que viene de algún lugar lejano. En la Edad Media, este caminante se desprendería de todo lo que lo rodea para expresar devoción, buscar sanación o hacer penitencia. Hoy un peregrino busca sabiduría, recreación y autorrealización de manera tal que quizá resulte más importante el camino que la meta. El peregrino entiende que existe un camino que debe transitar y este propósito conlleva riesgos. A pesar de todo, los beneficios superan el riesgo para aquellos que se atreven a embarcarse en tal aventura; al regreso de su gratificante viaje serán más ricos ya que tendrán al menos una idea más, y más pobres porque se habrán desembarazado por lo menos de un prejuicio.

Romboleden (el camino del peregrino de Rombo)

El camino del peregrino de Rombo (también llamando "el gran camino del peregrino de Rombo") toma su nombre de las extensas planicies al norte del lago Mälaren en Suecia, anteriormente llamado "Rombolandet" (país de Rombo). Este camino del peregrino va desde Köping hasta Hedströmdalen, atravesando Skinnskatteberg hacia el distrito Dalarna, y continúa hasta Noruega a través del paso de Skardøra. En el límite de este paso, la ruta de Rombo se une con los caminos del peregrino de Jämt-Norgevägen y Kårböleden. La ruta continúa hasta Tydal, Selbu y Malvik en Noruega antes de ingresar a Trondheim en Saksvikkorsen. El camino de Rombo fue la arteria principal a Trondheim desde el Este. Debido a que toda la distancia hacia Nidaros se encuentra señalizada, éste es el camino del peregrino más largo de los países nórdicos.

Østerdalsleden (el camino del peregrino de Østerdal)

El camino del peregrino de Østerdal comienza al sur de Karlstad, Suecia, donde el río Klara se adentra en el lago Vänern. En este lugar existe una pequeña cueva llamada "St. Olovs gryta" (la cueva de San Olav). Este camino del peregrino sigue el río en dirección al Norte hacia Edbäck, a través de Dalby y Ransby e ingresa en Noruega por Lutnes de Trysil. A través de frondosos bosques y extensas montañas, el caminante recorrerá Nybergsund y Trysil Innbygda hasta Munkbetsetra (las tierras de pastoreo de verano de los monjes), recordando que ése era el lugar donde los caballos de los peregrinos pastaban y descansaban. El viaje continúa pasando por Otnes, Rendalen, a través de la montaña hasta Tylldalen y desde allí hasta Tynset, luego hasta Tolga, Os y Dalsbygda antes de que este camino del peregrino comience a escalar la montaña Forollhogna, donde se atraviesa la frontera del condado de a una altura de 1100 metros.

Desde Forollhogna se desciende hasta Storbudal y luego se continúa hasta Singsås. Luego de pasar por Seviltjønnvollen y el lago Samsjøen cruzamos St. Olavsknippen, donde el agua proveniente de un manantial que se atribuye a San Olav fue conocida por sus increíbles poderes. Nuestra caminata continúa a lo largo de Fremo y Kjørkflå a través de la montaña Vassfjellet, pasando por Øyvindtjønna hasta llegar a Heimdal y la iglesia de Tiller (justo en las afueras de Trondheim). Desde aquí, el sendero sigue el serpenteante río Nid hasta el destino final. El obispo de Hamar abrió el camino en el verano de 2000.

Nordveien (el camino del peregrino del Norte)

Al camino desde Grong hasta Stiklestad se lo conoce como camino del peregrino del Norte. Comienza en Gløshaugen, donde estaba situada la antigua iglesia en Grong. Gløshaugen también se encontraba sobre la frontera de la ruta interna entre el norte y el sur de Noruega en la Edad Media. Desde Ytre Namdal y hacia el Norte, la ruta marítima costera fue la "avenida principal", incluso en el último siglo. Este camino del peregrino abarca desde Namdalen a través de Snåsaheia hasta la iglesia de Vinje. Desde allí se dirige hasta Imsdalen y Olskjelda. El camino del peregrino del Norte luego sigue un antiquísimo sendero a través de las montañas hacia Stiklestad y después continúa por Olavsveien (ruta de Olav) hasta Nidaros.

En el camino del peregrino a través de la ruta de Østerdal. Foto de Aslaug Sikveland Haugen

El peregrino errante

No mucho tiempo después de que el rey santo, Olav Haraldsson, muriera en la batalla de Stiklestad en el año 1030, Nidaros se convirtió en un destino popular para quienes buscaban la redención de sus almas en el santuario de dicho rey. Olav se convirtió en el santo patrono de Noruega y su reputación se conoció mucho más allá de las fronteras de su país.

A lo largo de senderos y caminos rudimentarios, a través de salvajes países y altas montañas, la gente se abría camino hasta la iglesia de Cristo en Nidaros, donde se veneraba el santuario de Olav. Una gran cantidad de gente sintió el llamado del santuario y las peregrinaciones continuaron desde ese momento hasta 1537 (la época de la Reforma) y posiblemente incluso algún tiempo después.

Actualmente no podemos determinar con certeza qué lugares atravesaron los peregrinos medievales en sus recorridos. Los senderos que seguían eran las carreteras contemporáneas. La ruta común (la "ruta de la gente") pasaba junto a las laderas de los valles que habían sido fundados primeramente.

Por esta ruta se podía caminar o cabalgar. Resuelta con el solo propósito de llegar a su destino, la ruta ascendía y descendía por las escabrosas colinas, desestimando los desvíos en las zonas pantanosas y otros obstáculos.

En los terrenos montañosos, el tránsito, el clima y las precipitaciones provocaron que la tierra y la arcilla rezumaran y dejaran un notable surco, un camino hundido. Luego, en suelos pantanosos las rutas se pavimentarían con troncos denominados *kavlebru* (un puente de troncos).

Los peregrinos generalmente viajaban en compañía. Un día de viaje podía significar 30 kilómetros para aquellas almas fuertes que lograban caminar ese largo trecho. Cada 8 ó 10 kilómetros, había lugares de descanso con pasturas para los caballos. Estas pasturas se denominaban "campos de Olav". A lo largo del camino se erigían posadas y albergues. Los lugares más antiguos de alojamiento eran simples *sælehus* (casas de descanso), donde los huéspedes debían proveerse comida ellos mismos. La tradición también cuenta sobre cruces al borde de los caminos, capillas de peregrinos y pozos sagrados a lo largo de la ruta.

A través de los siglos, los viejos senderos han sido reemplazados por nuevos, el suelo ha sido arado o los senderos se han cubierto de maleza. Cuando se restableció el sendero, fue necesario tener en cuenta los cambios que se habían producido, pero el *paisaje* por el que caminaron los peregrinos continúa siendo en gran medida el mismo.

Peregrino, miniatura que data del siglo XIV realizada por Urd von Hentig.

El actual camino del peregrino apunta a brindar a los caminantes de nuestros días una idea de lo que los caminantes medievales encontraron camino a Nidaros. El camino sigue por senderos antiguos y documentados, cuando éstos pueden utilizarse. Desde el comienzo, el camino está bordeado por nombres de lugares y monumentos históricos relacionados con la vida y el trabajo de San Olav.

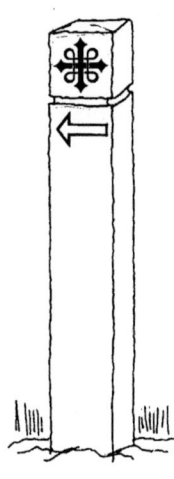

Estos letreros indicadores muestran el camino a lo largo del sendero del peregrino

A lo largo del camino también pueden observarse tumbas y vestigios de asentamientos de la era precristiana. Luego de que las peregrinaciones cesaron, aparecieron monumentos históricos más recientes y algunos de ellos también resultan interesantes para el caminante moderno. La guía del peregrino de Trondheim describe varios de estos monumentos históricos y éstos se encuentran marcados en los mapas. De esta manera, el viaje abarcará eventos de miles y miles de años de historia.

El actual sendero para los peregrinos de hoy está señalizado y marcado con postes que exhiben el logotipo del camino del peregrino. Éstos han sido erigidos en lugares donde el sendero cambia de dirección y en los puntos de atracción mencionados en esta guía. A los letreros indicadores que destacan monumentos medievales y tradiciones peregrinas, se les ha agregado textos explicativos. Entre estos letreros indicadores, unos postes señalizadores más pequeños le muestran que va por la senda correcta. La mayoría de los municipios también ha construido mojones que indican la distancia restante hasta Trondheim y la catedral de Nidaros, el destino final de la ruta. Esperamos que el viaje a través del camino del peregrino, o por algunos tramos de éste, sea instructivo y enriquecedor, y le deseamos que Dios lo acompañe.

Pax et bonum

El rey santo

Lars Roar Langslet

El destino principal de las peregrinaciones de los países nórdicos fue indudablemente la tumba de San Olav en la catedral de Nidaros. El rey santo noruego conservó su estatus de "santo patrono" durante toda la Edad Media y fue honrado en países vecinos tan devotamente como lo fue en el suyo.

Sin embargo, el impacto llegó mucho más lejos: después de su beatificación como santo en agosto de 1031, el culto a Olav se propagó como un reguero de pólvora por todos los países nórdicos, las islas británicas y los pueblos hanseáticos a lo largo del mar Báltico, y encontró seguidores

Parte frontal del altar de Olav del siglo XIV. Los motivos muestran en la parte superior izquierda el sueño de Olav antes de la batalla de Stiklestad. En la parte inferior izquierda, Olav le paga a un sacerdote para que celebre misas por las almas de sus oponentes que están a punto de morir en la batalla. En la sección inferior derecha, se observa la muerte de Olav durante la batalla de Stiklestad, el 29 de julio de 1030. En la sección superior derecha, Olav es declarado santo y sepultado el 3 de agosto de 1031. Foto de Nidaros Domkirkes Restaureringsarbeider

Esta escultura en la que San Olav sostiene su hacha de plata se conserva en la iglesia de Olav en Albo, Skåne, y se cree que hace milagros.

en los Países Bajos y Normandía, e incluso en lugares tan lejanos como España, Rusia y Constantinopla. La imagen más antigua de Olav que se conserva fue pintada en una columna de la Iglesia de la Natividad, en Belén.

¿Quién fue San Olav?

Olav Haraldsson nació en el año 995 y provenía de la familia de Harald Hårfagre (Harald Fairhair). Creció en Ringerike, en la zona sureste de Noruega, y cuando aún era adolescente participó en viajes como vikingo y sirvió como oficial para la nobleza de Inglaterra y Normandía. Fue bautizado en Rouen, lugar donde probablemente se encontró con el devoto movimiento benedictino. Poco tiempo después, en 1015, abandonó Inglaterra para reclamar el trono real de Noruega. En su barco llevó a varios obispos ingleses, lo que indica que ya por aquellos tiempos incipientes Olav sentía la vocación de cristianizar Noruega.

Sin lugar a dudas un hombre sumamente inteligente, Olav era sincero en sus intenciones. Era un poeta talentoso y poseía grandes habilidades como estratega militar y político.

Los primeros años parecieron ser de mucho éxito para Olav. Fue el primer rey nacional que efectivamente ejerció su poder en todo el país, y eventualmente creó una red administrativa y un sistema legal que hicieron posibles que el país se mantuviera unido. Realizó una serie de excursiones misioneras a las zonas de Noruega que aún no habían sido cristianizadas, especialmente el interior y el norte de la región. Fundó una base perdurable para la fe cristiana construyendo iglesias y ordenando sacerdotes según las consideraciones nacionales e introduciendo sistemas legales tanto para el estado como para la iglesia (la ley cristiana) que se convirtieron en un punto de coyuntura en el desarrollo del sistema legal: los ideales de una sociedad basada en la familia tenían que dar lugar lentamente a la fe en el valor intrínseco del individuo, la eminencia de la misericordia y el deber de proteger al débil.

El rey Olav no tuvo tanto éxito a la hora de construir una red de lealtad y amistad entre los jefes locales que se sentían amenazados por el creciente poder del rey en toda la nación. Esto sucedió durante el apogeo del dominio danés, cuando Inglaterra además se veía sojuzgada por el poderoso rey Canuto, quien también albergaba el deseo de reconquistar Noruega. Luego de comprar la lealtad de algunos líderes noruegos, también desencadenó lentamente un descontento con la "ley dura" de Olav entre los campesinos del interior, en Trøndelag y en el Norte. Es probable que no se haya alzado una resistencia contra Olav porque su gobierno fuera más duro que otros, sino por su insistencia en continuar gobernando. La gente creía que un rey lejano como Canuto ejercería su poder menos activamente y de ese modo el gobierno real volvería a ser flexible, como siempre lo había sido en el pasado.

El rey Olav perdió poder y se vio forzado a huir. Durante su último año de vida, Olav vivió con su cuñado, el gran duque Jaroslav de Kiev. Este pueblo ya se había establecido como un centro espiritual en Europa Oriental, donde progresaban la teología, la filosofía, los monasterios y el arte.

En 1030 Olav volvió rumbo a casa para reconquistar el poder. La batalla decisiva tuvo lugar el 29 de julio en Stiklestad. Sin embargo, superado en número y poder por sus oponentes, el rey cayó. Su cuerpo fue trasladado de contrabando y sepultado en el banco de arena donde hoy se encuentra la catedral de Nidaros.

Pero muy pronto comenzaron a suceder cosas asombrosas. Un eclipse solar fue inmediatamente relacionado con la batalla, como un mensaje de ira del cielo que señalaba que Stiklestad se encontraba bajo la sombra de Golgotha, donde una vez hubo "oscuridad al mediodía". Comenzaron a correr rumores sobre repentinas sanciones efectuadas por el rey. Uno de estos rumores involucraba a uno de los hombres que había asesinado al rey, Tore Hund. Su mano herida sanó luego de que una gota de la sangre del rey cayera sobre ella; esto provocó que el hombre se apartara de sus creencias y partiera en una peregrinación de redención hacia Jerusalén.

Más de un año después de la muerte del rey Olav, el cuerpo fue exhumado y el Obispo lo declaró santo con el apoyo de la gente. La canonización era en ese tiempo un asunto de la iglesia local, sin embargo la canonización de Olav fue completamente aprobada por el Papa en Roma.

Olav fue consagrado mártir. Su muerte bajo el signo de la cruz fue considerada una prueba indiscutible de que Dios lo había utilizado como su instrumento. Su santificación no fue así una afirmación de su comportamiento luego de una vida devota poco común. También fue honrado como apóstol de Noruega, ya que completó el largo y arduo proceso de cristianización de Noruega.

La combinación de mártir y apóstol es excepcional y quizá sea la razón más importante por la cual el culto a Olav se desarrolló tan sólidamente y llegó tan lejos.
La batalla de Stiklestad parecía haberse presentado como la caída definitiva de un reinado que fracasó. Sin embargo, la situación cambió: los dos objetivos por los cuales Olav había luchado, que eran unir y cristianizar

Escultura de Olav de Brunlanes en Vestfold. Foto de Karl Teigen

Motivo peregrino sobre el portal de Olav en la catedral de Nidaros. Realizado por Nic. Schiøll. Foto de Aune Forlag / Ole P. Rørvik.

Noruega, finalmente vieron el éxito gracias a su muerte como mártir. Se puede decir con seguridad que la muerte de ningún otro hombre ha tenido consecuencias tan importantes en la historia de Noruega.

Olav fue un santo muy querido por la gente porque resultaba atractivo para casi todos los grupos. Era héroe de campesinos y marineros, santo protector de comerciantes ambulantes y habitantes de la ciudad, defensor de la monarquía y protector de los necesitados. Era un héroe de la época, un caballero de la fe que parecía salido de las imágenes de las historias de caballeros.

En las leyendas del rey santo, había muchas historias fascinantes y pintorescas que sólo parecían crecer con el pasar de cada generación. Se ha conservado una gran cantidad de esculturas y pinturas nórdicas de San Olav pertenecientes a la Edad Media, algunas de ellas catalogadas como las más refinadas piezas de arte de la época. También existe una valiosa tradición de narraciones y canciones populares sobre su persona. Una expresión típica de su popularidad es que el nombre Olav llegó a ser uno de los más comúnmente utilizados en todos los países nórdicos y perdura en el nombre de varias flores.

Durante siglos, San Olav fue el símbolo nacional del reino de Noruega, el "rey eterno del país" (*rex perpetuus*), y la "ley de San Olav" alcanzó el estatus de base esencial de la justicia y la equidad. Los reyes hacían constante referencia a Olav en sus decretos y cartas, incluso una vez iniciado el período de unión con Dinamarca.

Pero los símbolos continúan vigentes: el hacha sostenida por el león en nuestro escudo nacional de armas es el hacha mártir de San Olav. En el himno nacional, Bjørnstjerne Bjørnson ha incluido hazañas reales de Olav que han dejado su marca en la historia de Noruega desde aquel entonces: "Olav pintó la cruz en este país con su sangre".

Stiklestad: un punto de coyuntura

La batalla de Stiklestad del 29 de julio de 1030 representa un punto de coyuntura en la historia noruega; la transición de una era en que las comunidades escandinavas eran gobernadas por jefes paganos a un tiempo en que la corona y el cristianismo unificaron Noruega y la convirtieron en una nación. La iglesia y el poder del rey fueron decisivos en la construcción de la nación de la Noruega medieval y esto es lo que da a Stiklestad una importancia simbólica para el estado noruego, la monarquía y la iglesia noruega.

Stiklestad es un centro activo todo el año, donde la batalla y San Olav, el rey que se convirtió en santo, son el trasfondo histórico. Durante el "Olsokdagene" (el festival de San Olav) a finales de julio, más de 50.000 visitantes se aglomeran para presenciar *"Spelet om Heilag Olav"* [El drama de San Olav], asistir a exhibiciones, presentaciones, conciertos y obras de teatro ambulante, y disfrutar de una enérgica vida cultural. En 2008, *Stiklastadir*, una granja medieval de Stiklestad, fue reconstruida para que los visitantes pudieran conocer la verdad y escuchar narraciones sobre el rey Olav Haraldsson, la batalla de Stiklestad y los peregrinos que caminaron desde la lejanía de sus hogares para purificar sus almas en el sitio donde se produjo su muerte.

Iglesia de Stiklestad (de 1180) con un mojón que marca el camino del peregrino en primer plano. Foto de Per Steinar Raaen © Stiklestad Nasjonale Kultursenter

El drama de San Olav. Foto de Leif Arne Holme © Stiklestad Nasjonale Kultursenter

El drama de San Olav

La obra, que se presenta en el escenario al aire libre de Stiklestad, es la más importante en los países nórdicos y la más antigua de Noruega que se presenta de esta manera. La historia transcurre en una granja de Suul ambientada en el momento en el que Olav Haraldsson arriba luego de cruzar las montañas de Suecia en julio de 1030 para reclamar el trono y gobernar Noruega. Varias escenas muestran los preparativos para la inminente batalla.

Peregrinación hacia Stiklestad

Stiklestad puede compararse con Finisterre en España, el destino final del camino del peregrino hacia Santiago de Compostela. Junto con Nidaros, Stiklestad es el destino final de los caminos del peregrino en Noruega. Stiklestad recibe visitantes durante todo el año, pero posiblemente resulte más conveniente visitarla durante el festival de San Olav. Los caminos del peregrino hasta Stiklestad se encuentran descritos en www.pilegrim.info.

En el mar y en la tierra

Arnulf Selnes

Una multitud de peregrinos caminaron por las rutas medievales que conducían a Nidaros (antiguamente llamada Trondheim). Algunos de ellos buscaban la tumba de San Olav con la esperanza de encontrar una cura para sus dolencias físicas, otros buscaban la salvación de sus almas. Algunos albergaban la esperanza de cumplir una penitencia por sus malas acciones y otros se sentían incitados por sus ansias de viajar o la ilusión de una aventura. En definitiva debían concurrir algunos miles de personas cada año, una gran cantidad por aquellos días, cuando Nidaros sólo poseía dos mil o tres mil habitantes. Probablemente, la mayoría de los peregrinos siguió la ruta principal desde el Sur a través de la meseta de Dovre hacia el valle Orkla a Svorkmo y luego cruzaron las colinas hasta Skaun, a 35 kilómetros de Nidaros.

Los viajeros experimentados consideraban que 35 kilómetros significaban todo un día de viaje; éste se dividía en cuatro tramos de aproximadamente nueve kilómetros, cada uno de ellos llamado *rost*, al final del cual había un lugar para descansar y donde los caballos podían pastar. Los peregrinos y otros caminantes más lentos difícilmente podían completar más de dos "rosts" por día, lo que denominaban día de viaje "corto". Por lo tanto, lo más probable era encontrar una posada cada dos "rost", al menos a lo largo de la avenida principal.

Desde Skaun, la ruta pasaba por Buvika y Halsbrekka hasta Øysand. Desde la balsa que desembarcaba en la desembocadura del río Gaula luego continuaban a través de Gaularåsen, actualmente llamada Byåsen, hasta Nidaros. En su día final de viaje antes de llegar a destino, a los peregrinos les gustaba tomarse un buen tiempo y probablemente caminar sólo un "rost". De esta manera se aseguraban tiempo suficiente para descansar en Feginsbrekka, el Monte de la alegría, desde donde podían avistar por primera vez su destino. También se encuentran puntos de observación (*mons gaudii* en latín) similares en las afueras de Praga, Jerusalén y Santiago de Compostela

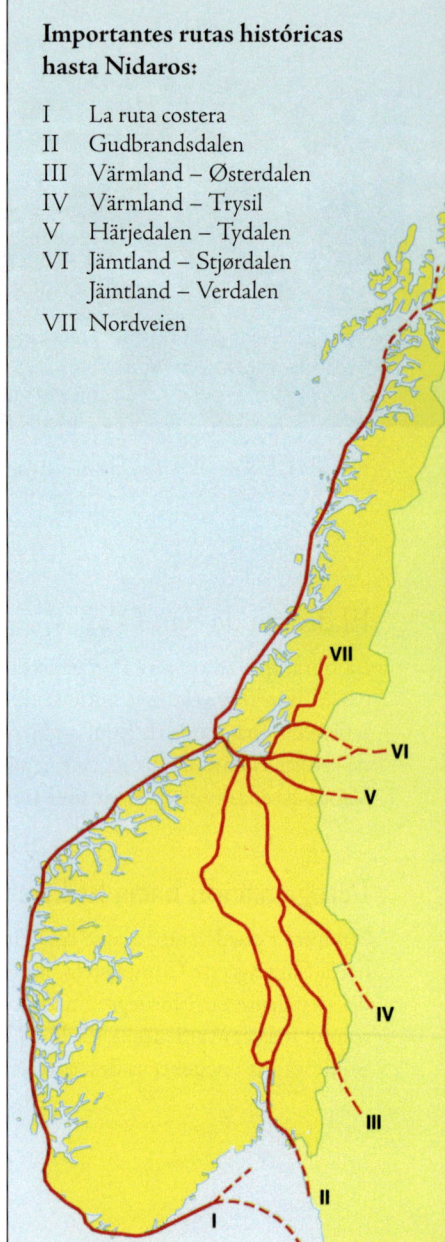

Importantes rutas históricas hasta Nidaros:

I   La ruta costera
II Gudbrandsdalen
III Värmland – Østerdalen
IV Värmland – Trysil
V   Härjedalen – Tydalen
VI Jämtland – Stjørdalen
    Jämtland – Verdalen
VII Nordveien

(*mont gozo* en gallego). Los últimos dos lugares de descanso antes de Nidaros, que posiblemente contaban con posadas o refugios, es probable que se hayan ubicado en el área donde desembarcaba la balsa en Gaula y en área de Kystad/Vådan en Byåsen.

Las rutas que provenían desde "Østerdalene" (los valles del Este) quizá eran más adecuadas para aquellos peregrinos que deseaban avanzar con dificultad por la selva en solitaria penuria, ya que de esta manera se sentían más cerca de los cielos al atravesar las montañas. Las etapas finales de su viaje los llevaban a través de la montaña Vassfjellet. Allí, junto a Evenstjønna (un pequeño lago), con sus aguas sagradas y la capilla de St. Even, la vista les mostraba Nidaros hacia el lejano Norte. El camino los llevaba junto a Rosten e indicaba un "rost" para atravesar Byåsen más hacia el norte del pueblo. Muchos peregrinos vinieron a través de Suecia y países ubicados más al Este. El camino más sagrado que tenían para elegir era el de St. Olav, el mismo que el rey santo había seguido en su camino a través de Jämtland por el valle de Verdalen hasta Stiklestad. Desde allí, la ruta llegaba a Nidaros a través de Lånke.

Los pasos ubicados sobre el agua que comunicaban a los países que bordeaban el Mar del Norte eran fuertes. Por eso, algunos peregrinos llegaban en barco hasta Nidaros, desde Irlanda e Inglaterra, desde la Isla de Man y Escocia y desde los amplios límites de *Norgesveldet*, el área noruega, que incluía las islas de *Vesterhavet* (el mar occidental), las Islas Feroe, Islandia y Groenlandia.

Alrededor de 1075, el sabio erudito Adam de Bremen escribió:

San Miguel y el dragón vencido. Descubierto en Vassfjellet. Fotografía del museo de Ciencias.

"La capital de los noruegos es *civitas Trondemnis*, la ciudad de Trondheim, que ahora está ornamentada con iglesias y es visitada por mucha gente. En esta ciudad descansa el cuerpo del santísimo rey y mártir Olav. En su sepulcro, el Señor aún hoy realiza maravillosos milagros para que muchos de los que tienen la esperanza de ser ayudados por la buena acción de este santo mártir viajen *longinquis regionibus*, desde tierras distantes. Desde Ålborg o Vendsyssel en Dinamarca, donde se embarcan, les lleva un día de viaje atravesar el mar hasta Vik, un pueblo de Noruega (posiblemente donde hoy se encuentra Tønsberg). Desde allí el viaje continúa hacia la izquierda a lo largo de la costa de Noruega y el quinto día finaliza en *Trondemnis*. También existe otro camino desde la provincia danesa de Skåne a través de tierras planas hasta *Trondemnis*, pero el viaje no es tan rápido como lo es por las montañas. Los viajeros evitan tomar este camino ya que abunda en peligros".

El viaje desde el fiordo de Oslo hasta Nidaros probablemente les llevaba un mes en lugar de cinco días. Las largas travesías marítimas también eran agotadoras e impredecibles y había que esperar mucho tiempo a que soplaran vientos favorables. Por este motivo las travesías marítimas se realizaban como transporte de carga y no como meros viajes. Cuando la gente visitaba lugares lejanos, generalmente si era posible lo hacía por las rutas terrestres, por lo que había un tráfico constante en las carreteras. Incluso la realeza viajaba por las rutas terrestres, al menos cuando iban en peregrinación y con más razón si debían cumplir una penitencia.

Mapa del camino del peregrino hacia Trondheim

En la Edad Media, había iglesias en Byneset, Bratsberg, Klæbu, Leinstrand y Tiller. Aquí vemos las iglesias tal como se ven hoy. Las iglesias medievales de la propia ciudad están representadas en el modelo de la ciudad que aparece en la página 39.

Ilustración: Børge Engberg

En el camino del peregrino: desde Sundet hasta Nidaros

Arnulf Selnes

La distancia desde Sundet hasta la catedral de Nidaros es de aproximadamente 20 kilómetros. Se puede llegar a Sundet siguiendo la ruta nacional 707 que se encuentra a unos cuatro kilómetros de Klett en dirección a Byneset.

Se llega a Kastberga (la colina donde la gente arroja palos y piedras para anunciar su paso) por Hestsjøen siguiendo el camino del peregrino desde Sundet a través de Skjefstad, la ruta Ringvål

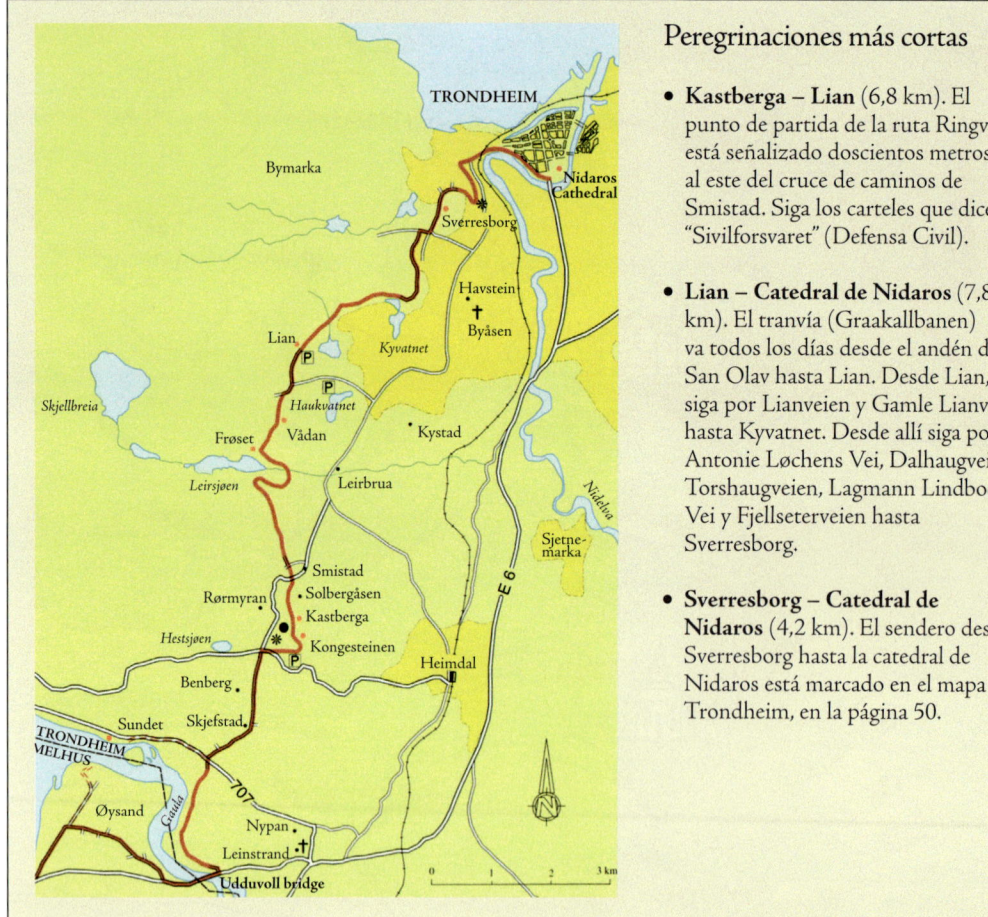

Peregrinaciones más cortas

- **Kastberga – Lian** (6,8 km). El punto de partida de la ruta Ringvål está señalizado doscientos metros al este del cruce de caminos de Smistad. Siga los carteles que dicen "Sivilforsvaret" (Defensa Civil).

- **Lian – Catedral de Nidaros** (7,8 km). El tranvía (Graakallbanen) va todos los días desde el andén de San Olav hasta Lian. Desde Lian, siga por Lianveien y Gamle Lianvei hasta Kyvatnet. Desde allí siga por Antonie Løchens Vei, Dalhaugveien, Torshaugveien, Lagmann Lindboes Vei y Fjellseterveien hasta Sverresborg.

- **Sverresborg – Catedral de Nidaros** (4,2 km). El sendero desde Sverresborg hasta la catedral de Nidaros está marcado en el mapa de Trondheim, en la página 50.

desde Heimdal o la ruta Smistad desde Leirbrua en Byåsen. El punto de partida de la ruta Ringvål está señalizado; doscientos metros desde la bifurcación de Fjøsvollan con la ruta Smistad.

Sundet

Alrededor de 1700 d. C., la carretera principal desde el sur fue desviada desde Orkladalen (valle Orkla) hasta Gauldalen (valle Gaul). Sin embargo, la ruta a través de Skaun continuó siendo la carretera del rey desde Noruega occidental. Hasta 1859, Sundet, junto a la desembocadura del río Gaula, fue una confluencia de tráfico con un muelle para barcos y un atracadero, una posada y una plaza de mercado.

Desde Sundet hasta las colinas pasando por Skjefstad, el sendero sigue la carretera construida por el experto en caminos General Krogh, que la inició en 1788.

Algunos vestigios del sendero original de viaje también conducen desde el área debajo de Skjefstad. El nombre de esta granja probablemente provenga de *skipstad* (lugar del barco, literalmente) y podría ser el recordatorio de un viejo atracadero destruido por un derrumbe.

Kongesteinen: la piedra del rey

Alrededor de 1700 d. C., la carretera del Sur atravesaba Gauldalen y pasaba por el viejo sendero mediante Kastberga. Los cruces de caminos se urbanizaron para ser activas plazas de mercado. Al mismo tiempo, la ruta fue mejorada para que los carros pudieran transitar por ella. Se pueden observar algunas partes del antiguo sendero de viaje a lo largo de la calzada apenas comenzamos a caminar por Kastveien. El tráfico, el clima y las precipitaciones han erosionado el camino, por lo que se convirtió en algo más que una hondonada profunda. Las estrechas formas en V dan testimonio de que se trataba de un sendero de viaje. Un poco más allá, en la calzada, el llano peñón de la roca del rey se levanta en el camino, dos metros en diagonal. Según antiguas costumbres, la piedra del rey se adornaba cada año con ramas de enebros y abetos el 23 de junio, día del festival de vísperas

El balsero. Figura tallada en madera. Desde la granja Sundet. Foto de Ola Storhaugen

La balsa que llega a Sundet. Foto de Ola Storhaugen

Ruta hundida por Kastberga. Foto de Bjørn Sæther

del solsticio de verano. La leyenda cuenta que tres reyes se encuentran sepultados bajo esta "piedra", que probablemente sea parte del mismo lecho de roca.

Kastberga

Desde Kastberga podemos observar Rørmyra, Øyberget y Halsbrekka hasta el Sudoeste. Hacia el Sur se extiende el valle Gauldalen. Detrás, junto a Kastveien, yace la granja de campesinos abandonada Kastet. El nombre de esta granja revela una superstición precristiana sobre gnomos, duendes y poderes supernaturales, una firme creencia de la Edad Media que duró bien entrado el siglo XVIII. Cuando se topaban con partes difíciles del camino, era necesario advertir a los duendes arrojando un palo o una piedra (de allí *Kastberga*, que literalmente significa arrojar piedras) ya que si un duende sorprendido y cascarrabias no lograba escabullirse a tiempo, provocaría que un caballo se levantara en dos patas o trastabillara. Los peregrinos caminaban o cabalgaban por este camino, de hecho el rey Christian V cabalgó esta ruta durante su visita real en 1685. A lo largo del camino, se puede observar en qué lugares la grava y las piedras han sido marcadas con surcos por el paso de los carruajes. Kastveien fue la ruta principal desde el sur hacia Trondheim hasta 1772 y continuó siendo la carretera que se conectaba con la parte oriental de Noruega hasta 1788. La última parte del camino hasta Smistad sigue una parte abandonada de la ruta de Krogh que reemplazó a Kastveien en 1788.

Hacia el lago de Leirsjøen

Desde Smistad, los peregrinos caminaban a través de Kystad hasta Nidaros, pero el sendero actual sigue otra ruta antigua junto a Leirsjøen y hasta Vestmarka. Antes de la construcción de la represa de Leirsjøen en 1800, el camino cruzaba por el viejo vado donde el río corre desde el lago, justo por debajo del islote de éste.

Frøset

La antigua granja de Frøset junto a Leirsjøen actualmente se encuentra abandonada, pero la construcción se encuentra en reparación. Se sugirió que durante la era precristiana Frøset posiblemente haya sido un lugar de adoración al culto de

Los tramos húmedos del camino debían pavimentarse con troncos. Ilustración: Aud Beverfjord

Sverresborg en la época del rey Sverre según la reconstrucción en la ilustración de Gerhard Fischer, arquitecto.

Frøy, el dios escandinavo de la fertilidad. Algo típico de los lugares donde se adoraba a Frøy es que se extendían a lo largo de tramos desérticos de la ruta antigua.

Vådan

Vådan (el nombre deriva del escandinavo antiguo *viðr*, que significa madera) fue un cruce de caminos durante la era precristiana. Una ruta lateral desde Skaun cruzaba el fiordo desde Børsa hasta Steinshylla por la iglesia Byneset y continuaba a través de Bergskaret junto a Skjelbreia por Vådan hasta Kystad. A lo largo de la ruta desde Vådan hasta Kystad la gente puede observar varias tumbas de la Edad de Hierro. Desde Vådan existía un sendero de viaje a través de Solem y Lian hasta Vestmarka, lo que sería en líneas generales el actual *Gamle Lianvei* (la ruta del viejo Lian) que data de 1846. Seguiremos por este camino.

Piedras limítrofes

Durante el período en que Noruega estaba gobernada por Dinamarca, la realeza y los nobles eran recibidos por dignatarios y notarios del pueblo en la piedra limítrofe del pueblo en Dalhaug. La piedra limítrofe indicaba la frontera tributaria del pueblo, así como también el límite de la antigua municipalidad de Strinda, el área sur y oeste del pueblo y Bymarka. Desgraciadamente, la piedra desapareció en la década de 1950. Para la distancia restante hasta Sverresborg (castillo de Sverre), la ruta constituye el límite entre Bymarka y Strinda. El área completa desde Nidelven hasta este punto pertenecía a las granjas de Strinda llamadas Havstein y Stavne. En el jardín de Torshaug-veien número 5, la piedra limítrofe que data de 1788 de Catharina Meincke Lysholm, agente de la corte real, aún permanece allí e indica la línea limítrofe entre su propiedad, Havstein, y la granja vecina de Stavne Øvre. Además de algunas granjas de campesinos del área, en este lugar no hubo casas hasta 1800 y el área fue un lugar densamente boscoso durante la Edad Media. Torshaug en Bymarka era una granja lechera en las montañas de Kystad.

Sverresborg (castillo de Sverre)

Protegida por una pared circular en la cima de Steinberget yace Sverresborg, la ciudadela construida por el rey Sverre en 1182. Las piedras para su construcción fueron tomadas de la cantera debajo de Marienberg, junto a la ruta de Nidarli. El rey Sverre llamaba este lugar Monte Zion. Al haber estudiado para convertirse en sacerdote, sabía con seguridad que Jerusalén, el Zion de la Biblia, estaba protegida contra el Oeste y el día del juicio final por el Monte Zion que se encontraba allí. Sverre también estaba familiarizado con las conexiones entre las leyendas de Olav y el Libro de los salmos, 48, 2–3: "Grande es el Señor y dignísimo de alabanza, en la ciudad de nuestro Dios en la montaña de su santidad. De hermosa perspectiva, es la alegría de toda la tierra el Monte Zion; en el extremo Norte, es la ciudad del rey supremo".

Tavern

Rodeando a Sverresborg se encuentra Trøndelag Folkemuseum con sus antiguas casas y colecciones que bien valen una visita. Situada junto a Sverresborg Allé, la posada llamada *Tavern* fue trasladada a este lugar desde el área del muelle en Brattøra (centro de la cuidad de Trondheim) en 1950. Durante los siglos XVIII y XIX, *Tavern* fue una posada de balseros al lado de la desembocadura del Nidelven. *Tavern* continua siendo un lugar para visitar y tomar un refresco, lo mismo que las medievales *tafernishús* (casas tabernas) fueron para los peregrinos y otros caminantes.

El lugar de Hadrian donde Olavskilden se encuentra en el dique detrás de la fuente.
Ilustración: Kari Støren Binns

Feginsbrekka

Desde Sverresborg, la ruta emergía en la ladera de Nidarli. Cercana a lo que hoy es el camino Sverdrups, se encuentra el probable sitio de Feginsbrekka, el monte de la alegría, donde los peregrinos se detenían para regocijarse con la vista, caer de rodillas, orar y alabar al Señor. Una vista espléndida se abría sobre el pueblo y la iglesia de Cristo. En el libro de Sigrid Undset, "The Mistress of Husaby" (La amante de Husaby), Kristin Lavransdatter vive su encuentro con Nidaros: "Kristin encontró Feginsbrekka y observó la ciudad extendida a sus pies bajo la dorada luz del sol. Más allá del ancho río, resplandecientes arcos exponen casas de barro con techos cubiertos de verde césped, bóvedas oscuras formadas por las hojas de los jardines, casas de piedras que destellan colores claros, iglesias que alzan sus patios colmados de negras placas y templos con centellantes techos de plomo sin vida. Pero sobre el verde suelo, sobre la bella ciudad, se levantaba la iglesia de Cristo, tan majestuosa, tan resplandeciente y gloriosa como si todas las demás cosas se tendieran a sus pies".

No sabemos exactamente dónde se encontraba Feginsbrekka, pero una vista similar de Trondheim en la actualidad puede disfrutarse al tomar el pequeño desvío hacia Utsikten (la vista).

Ilevollene, Hospitalet y Kalvskinnet

Debajo de Feginsbrekka y las pendientes cubiertas de frondosos bosques, se encuentra la desnuda zona Ilevollene (campos Ile) que probablemente fue un terreno de pastoreo, pero fue más conocido como el campo de batalla donde el rey Sverre y el rey Magnus Erlingsson combatieron en 1182. El acceso al pueblo a través del istmo de Nidareid estaba controlado por un fuerte de madera con una palizada y un foso, construidos por el arzobispo Øystein Erlendsson durante el invierno de 1177/1178. A cierta distancia del pueblo se encontraba el hospital, el "*Spital*", en Vollene (los campos). En ese lugar se atendía a los pobres y enfermos del pueblo, pero también servía como albergue para viajeros y peregrinos. El pueblo medieval comenzaba en Munkegata. Contiguo al pueblo se encontraba el "campo", llamado más tarde Kalvskinnet (la piel del becerro).

Se dice que el nombre deriva del hecho de que el granjero arrendatario a cargo del campo estaba obligado a pagar una piel de becerro al dueño por el uso de la tierra.

Olavskilden (manantial de Olav)

En Marinen, cerca del puente Elgeseter, se sitúa *Hadrians Plass*, nombrada así por el papa Hadrian IV (1154–1159), más conocido como el cardenal Nicolaus Brekespeare. En 1152/1153, este cardenal estableció el arzobispado de Nidaros en representación del Papa. Olavskilden, el manantial de Olav, se encuentra en el lugar de Hadrian, escondido bajo un alto dique. Sin embargo, Olavsbrønnen, el pozo de Olav, está ubicado dentro la propia catedral de Nidaros. La epopeya relata de qué manera el altar mayor de la iglesia de Cristo se encuentra justo sobre el lugar en la margen del río donde el cuerpo de Olav había sido sepultado. Otros afirman que el sitio de la tumba se encontraba junto al prácticamente olvidado pozo de Olav.

En el camino del peregrino: desde Saksvikkorsen hasta Nidaros

Aud Beverfjord

El camino del peregrino proveniente del Norte avanza desde Skalstugan en Jämtland a través de Sul y Stiklestad hasta Nidaros (antiguamente llamada Trondheim). La mayor parte del tránsito peregrino proveniente del Norte y Este pasaba a través de Stiklestad, el campo de batalla donde murió Olav Haraldsson. Desde Verdal, la ruta iba por Levanger y Stjørdal hasta Malvik. Se dice que una capilla frecuentada por peregrinos se situaba junto al Foldsjøen (lago) en Mostadmark, Malvik, durante la época medieval. Algunas fuentes sugieren que la ruta alta desde Mostadmark hasta Trondheim pasaba por Jonsvatnet y Bratsberg, y entraba al pueblo por el puente Elgeseter. Sin embargo, desde Foldsjøen elegimos *Kjerkstien* (el sendero de la iglesia) por Bakken en Malvik, pasando a través de las fronteras entre los municipios de Malvik y Trondheim en Saksvikkorsen.

Peregrinaciones más cortas

- **Saksvikkorsen – Museo Ringve** (9,8 km). El camino se extiende a lo largo de Bostadveien y Ranheimsveien hasta Nordliveien en Nedre Charlottenlund (justo antes del paso subterráneo del ferrocarril). Siga Nordliveien y Sjøveien hasta Rotvoll Nedre. Desde aquí, el camino sigue el sendero natural junto al fiordo hasta Fagerheimsbukta. El mapa de Trondheim (página 50) muestra cómo proceder a través de Smedstuveien y Olav Engelbrektssons Allé hasta el Museo Ringve.

- **Museo Ringve – catedral de Nidaros** (4,6 km, eludiendo el desvío). Un desvío recomendado es seguir parte de *Ladestien*, la ruta natural desde Ringvebukta alrededor de Østmarkneset hasta Korsvika. Desde allí, se puede caminar desde Korsvik Allé hasta la iglesia Lade y luego seguir el camino señalado en el mapa de Trondheim.

La vista desde Saksvikkorsen del fiordo de Trondheim con la península Lade al fondo. Foto de Bjørg Hernes

El tramo del camino del peregrino que seguimos desde aquí no sigue el rastro de ningún camino medieval. Sin embargo, sigue un sendero que ofrece a los viajeros modernos un paisaje que abunda en monumentos históricos.

El nombre de Saksvikkorsen posee raíces antiguas. Refleja un personaje histórico de las epopeyas reales de Snorre conocido como *Saksi á Vík* (Saksi de Vik). La granja llamada Vik debía de estar ubicada cerca del lugar actualmente llamado Saksvikkorsen, donde hoy encontramos un mojón que indica que la distancia hasta la catedral de Nidaros es de 14 kilómetros. Al oeste de esta bifurcación hay un montículo en el terreno, una tumba de la Edad de Hierro.

Hoy la tumba se encuentra parcialmente escondida detrás de arbustos, pero cuando fue construida en algún momento de la Edad Media gozaba de una ubicación estratégica, muy visible, especialmente desde el mar. Si seguimos el camino del peregrino hasta Trondheim, podemos descansar en este lugar y disfrutar de la vista del fiordo de Trondheim y la península de Lade.

Sobre la antigua E6 (carretera europea número 6) pasamos por las granjas Være. El sendero sigue por Ranheimsveien hasta Charlottenlund; primero a través de Være y luego Ranheim. Los nombres de estas granjas datan de principios de la Edad de Hierro. En este tramo pasamos por más tumbas. Junto al río Vik se han descubierto los cimientos de un puente, posiblemente de la Edad Media.

Éste es el paisaje en el cual la granja llamada *Vik* probablemente se encontraba situada durante la Edad de Hierro. Testigos de esto eran las granjas vecinas de Nervik y Overvik (Vik de abajo y Vik de arriba). Overvik también era llamada *Nygården* (granja nueva), por lo que posiblemente sea la granja Vik original la que fue trasladada más lejos del mar. El río Vik, que atraviesa esta zona, recibió su nombre por la granja. La granja Vik original debe de haberse encontrado en la margen oeste del río y el río Vik puede haber sido el límite de la granja hacia el Este.

La mansión Leangen fue construida en 1820. Actualmente, esta mansión es utilizada por las autoridades locales para representación oficial y como un centro de cursos. Foto de Helén Eliassen

En la granja de Presthus, que ha sido separada de Vik, encontramos dos monumentos de piedra de la era precristiana. Probablemente, estos monumentos hayan sido colocados junto a un sendero entre las granjas, desde Lade hasta Saksvik y tal vez un poco más al Este. Gerhard Schøning (1722–1780, director de la escuela de la catedral e historiador) afirmaba que en ese lugar se encontraba una iglesia medieval, pero esta información no ha sido verificada. Durante la época medieval, Nedre Vik (Vik de abajo), Øvre Vik (Overvik) y Presthus, anteriormente llamada "Nedre Vig", fueron las primeras propiedades del monasterio Bakke que luego pertenecieron al monasterio Elgeseter. En este paisaje histórico también podemos hallar la granja Grilstad, cuyo nombre no se encuentra en ningún otro lugar. La primera sílaba de este nombre probablemente derive del antiguo nombre del río que pasaba por la granja. Justo al este de las construcciones podemos observar un cementerio que también vincula la granja con la Edad de Hierro.

Luego caminamos junto a la escuela Ranheim, pasamos por la iglesia Ranheim y continuamos hasta Charlottenlund. En este lugar, justo antes del paso subterráneo del ferrocarril, el sendero se desvía atravesando el área residencial de Nordliveien, la cual seguimos hasta Sjøveien. Seguimos por Stuttveien, luego giramos hacia el mar a la derecha donde podemos seguir por *Jarlestien*, un camino construido para que la gente pueda llegar a Østmarkneset (el promontorio Østmark) hasta Korsvika. Aquí encontrará a la izquierda Sør-Trøndelag University College (faculty of teacher education and deaf studies), emplazada en la granja Rotvoll. Las excavaciones arqueológicas han demostrado que aquí la agricultura ya existía desde tan temprano como en la Edad de Bronce y el nombre mismo ("Rot"/raíz) indica que las cepas de los árboles fueron arrancadas de la tierra.

Siguiendo el sendero alrededor del promontorio de Rotvoll pasamos por el Centro de investigaciones de Statoil y llegamos a la bahía de Leangen, en la que podemos disfrutar la vista de la mansión Leangen sobre la cuesta hacia la derecha. La mansión fue construida en 1820–1821 junto con los jardines de estilo inglés. Su nombre, *Leangen*, significa "bahía de arcilla" y la mansión se extiende junto a una bahía poco profunda colmada de arcilla. Leksvik y Frosta son visibles al otro lado del fiordo. La isla de Tautra con su perfil característico también es visible en el fiordo, con las ruinas del monasterio cisterciense fundado por monjes del monasterio Lyse cerca de Bergen en 1207. En 1532 dejó de ser independiente y fue puesto bajo el mando de la Corona en 1537.

Iglesia Lade. La sección más antigua de la iglesia data probablemente del año 1180. Foto de Carl-Erik Eriksson

El camino continúa junto al mar hasta Smedstua, luego sigue Smedstuveien. Es posible seguir Ladestien en torno del cabo de Østmark, vía Korsvika hasta la iglesia Lade. El camino rodea Smedstuveien a través de un área residencial y un poco junto a Olav Engelbrektssons Allé. Desde este carril, giramos hacia la izquierda ingresando a los Jardines Botánicos de Ringve. El museo Ringve es originalmente una mansión, una vez propiedad del concejal Jan Wessel, padre de Peter Wessel Tordenskjold, héroe naval noruego. En la década de 1950, Victoria Backhe, que había nacido en Rusia, inició la creación de un museo de Historia musical en Ringve. El establo ha sido remodelado como una sala de conciertos. En el edificio principal, existe una valiosa colección de antiguos instrumentos musicales.

Mansión Lade. La mansión de un jerarca de la época de los vikingos. Los edificios presentes fueron construidos en 1811. Ilustración: Svein T. Rasmussen

Museo Ringve. El único museo de instrumentos musicales de Noruega. Los edificios fueron construidos durante la segunda mitad del siglo XIX. Foto de Museo Ringve

Desde Ringve, seguimos Lade Allé hasta la mansión Lade. Durante el período de las epopeyas, Ringve fue probablemente parte de Lade, con el mismo dueño hasta 1661. Devle, otra granja situada al noreste de Ringve, era probablemente parte de Lade en un principio. El nombre deriva del escandinavo *hlað*, que significa "lugar de almacenamiento". Debe haber sido un lugar donde se almacenaba la mercadería en tiempos antiguos y también un lugar desde donde éstas eran despachadas. Snorre relata de qué manera Harald Hårfagre (Harald Fairhair) se adueñó de una gran granja en este lugar. Era probablemente una vieja granja que convirtió en residencia real. En la antigüedad, Lade era sede de creyentes del culto precristiano. Olav Tryggvason desafió a los poderosos jefes de Trønder al quemar su templo. No sabemos con certeza dónde se ubicaba aquel templo. San Olav convirtió a Lade en tierras de la corona y más tarde fue administrada por el Monasterio Bakke. La magnífica mansión que se observa hoy en día fue construida por el próspero comerciante Hilmar Meincke en 1811. Desde la mansión, un callejón nos guía hasta la medieval iglesia Lade, su sección más antigua data aproximadamente de 1200.

Al continuar el viaje a la catedral de Nidaros, seguimos Jarleveien, Ladeveien, Mellomveien, el camino Grundtvigs, Lademoen Allé y la calle Arne Bugges. Esta área se llama Lademoen. Según Gerhard Schøning, es una "extensa, hermosa y nivelada área". Cuando observó este paisaje, durante la segunda mitad del siglo XVIII, se encontraba cubierto de brezo y arbustos, pero evidentemente había sido cultivado anteriormente. Según Schøning, también había "gigantes montículos de tierra", tumbas construidas con arena y piedra.

El camino luego pasa por Lademoen Kunstnerverksteder, cruzando Innherredsveien. Continuamos a lo largo del camino Stadsingeniør Dahls hasta Weidemanns Vei, el cual seguimos hasta Småbergan (la pequeña loma) por el fuerte Kristiansten. El fuerte fue construido en 1681–84 según los planes realizados por el General Johan Caspar de Cicignon. Desde aquí podemos ver Munkholmen (la Isla de los Monjes) en el fiordo. En tiempos antiguos, era lugar de ejecuciones. Aquí, la cabeza de Kark, el esclavo, fue montada en una estaca en 995 luego de que matara a su amo Earl Håkon, el último jefe pagano de Trøndelag, como podemos leer en Snorre, la epopeya de Olav Tryggvasons. Durante la Edad Media, una atmósfera más pacífica invadió la isla, ya que unos monjes benedictinos fundaron el Monasterio Nidarholm en este lugar a principios del siglo XII. Fue dedicado a San Lorenzo, santo de los enfermos y pobres. El monasterio se cerró después de la Reforma en 1537.

Luego, seguimos el camino Kristianstens, Kristianstensbakken y cruzamos el río Nidelva a través del puente del pueblo antiguo. Después, giramos a la izquierda, dejando la red de caminos y seguimos la ruta hasta Marinen por Hadrians Plass, donde nos encontramos con el sendero que proviene desde el sur.

El paisaje medieval

Bjørn Sæther

Percibimos el paisaje natural como eterno y siempre igual, incluso si observamos signos de cambio casi diariamente. Las montañas, los valles, los lagos, las playas y los océanos están allí desde que nacemos hasta que morimos. No obstante, la naturaleza, sus estaciones y el hombre modifican el carácter del paisaje.

Los peregrinos que venían desde el valle Orkla o por Hølonda tenían que cruzar el río Gaula para comenzar la etapa final hacia su destino. Durante el apogeo de peregrinajes en 1345, la peor catástrofe natural de Noruega, en términos de pérdida de vidas humanas, ocurrió en este lugar. Hubo un derrumbe entre lo que hoy en día es el puente Hage y Hovin, y las aguas del río Gaula se represaron hasta una altura de 30 m sobre su nivel normal. Cuando algunos días después el agua volvió a su lugar a través del dique, aproximadamente 150 millones de metros cúbicos de arcilla y grava se estremecieron cayendo al valle y al océano.

Las *Icelandic Skålholt Annals* (crónicas islandesas Skålholt) relatan cómo 250 personas murieron y además cuentan que la cantidad de pobres y caminantes que murieron probablemente no era menor a la cantidad que se podía contar. Algunos de estos caminantes se encontraban en su camino hacia o desde la tumba de San Olav en Nidaros. Las crónicas además relatan cómo el valle permaneció intransitable por varios años. Gaulosen, la desembocadura del río Gaula, probablemente se encontraba repleta y se movía bastante en 1345. Luego, otros derrumbes de arcilla también dificultaron el paso por la ruta hacia Nidaros (anteriormente llamada Trondheim).

En el bosque de abetos, entre las plantas que llevan el nombre Olav, encontramos una planta de una sola flor, moneses uniflora, una pequeña flor común pero hermosa (en noruego llamada "olavsstake"). Foto de Rolv Hjelmstad

Cuando comenzaron los peregrinajes hacia Nidaros, los peregrinos tenían como vista un paisaje boscoso diferente al que vemos hoy. Donde ahora crecen densos bosques de abetos, a finales del período de los vikingos, los bosques consistían principalmente en pinos y abedules. El abeto es nuevo en la flora de Noruega y hace miles de años no podía ser hallado en los bosques de Trøndelag. A lo largo del camino de peregrinación actual hasta el valle Orkla, no había abetos antes de bien entrada la Edad Media. Cientos de años más pasaron antes de que los densos y oscuros bosques de abetos que conocemos se arraigaran. Los árboles más importantes de los bosques medievales eran el abedul y el pino, pero también existían otros árboles más frondosos que el abedul. La mayoría de éstos era polinizada por insectos, los cuales producían menos polen que las especies cuyo polen se esparce con el viento. Algunos estudios de muestras del centro de los pantanos revelan más información sobre estas especies que producen mayor cantidad de polen.

Incluso aunque no sepamos todo sobre la composición de los bosques medievales, sabemos que deben haber estado más descampados, deben haber sido más luminosos y menos peligrosos que los bosques de abetos. Actualmente, no quedan bosques de abetos extensos y continuos, ya que este fenómeno no duró muchos siglos.

El terreno a través del cual los peregrinos caminaron era en general similar al que observamos hoy. Las montañas eras pronunciadas y los ríos salvajes. Los valles con depósitos de arcilla y grava eran más estrechos y los bosques eran más abiertos. Sin embargo, existía una diferencia básica, la interferencia humana. Los caminos estaban hechos para ser cabalgados, presentaban construcciones mínimas. Las viviendas eran escasas y se encontraban diseminadas, dispersas en las granjas. La agricultura estaba más o menos restringida a los laterales de los valles, donde el suelo no necesitaba sistemas de drenaje. Se utilizaban los bosques módicamente; la gente cortaba algunos árboles para construir y mantener casas y para usar como leña. En comparación a los paisajes culturales modernos, la vista de los peregrinos debe considerarse prácticamente virginal.

La Virgen María ha dado su nombre a muchas plantas. La orquídea moteada de los pantanos (dactylorhiza maculata) es una de las más comunes y también una de las más hermosas (en noruego llamada "flekkmarihand"). Foto de Bjørn Sæther

¿Cuáles fueron los fundamentos determinados por naturaleza que influenciaron el desarrollo del sistema de caminos de la Edad Media? A lo largo de la base de los valles, árboles de aliso crecieron de forma abundante y densa, y se formaron ciénagas y pantanos entre ellos. Los ríos serpenteaban las colinas de los valles y era difícil vadear muchos afluentes, especialmente durante los períodos de inundaciones. Así, la carretera se extendía en la parte más alta del terreno, preferentemente cerca de la división. Las pronunciadas pendientes no eran un gran problema cuando la gente las caminaba o cabalgaba, pero con el uso de carros en el siglo XVIII se debió prestar más atención a la línea del camino. Además, en aquel tiempo, los bosques ascendían más hacia las montañas que hoy en día, debilitándose sólo por los cambios climáticos y las granjas lecheras de las montañas.

Un peregrino caminaba bajo los mismos cielos de estos tiempos. Veía las mismas montañas y cruzaba los mismos ríos. Sin embargo, los caminantes de la actualidad se restringen a una caminata dominical, no pueden contemplar las estrellas debido a la gran cantidad de alumbrado eléctrico y prefieren que el campo se encuentre bien domesticado antes de aventurarse a recorrerlo. Las caminatas peregrinas eran mucho más difíciles de llevar a cabo, pero los peregrinos estaban más cerca del ecosistema y la madre naturaleza se encontraba mucho más presente en el paisaje que los peregrinos recorrían.

Los peregrinos trajeron su sabiduría en cuanto a plantas medicinales. Quizás también trajeron las plantas. La planta llamada genciana púrpura (gentiana purpurea) crece sólo junto a los viejos caminos de Trøndelag (en idioma noruego se llama "søterot", i.e. sweetroot, hierba perenne). Se utilizaba para ayudar a hacer la digestión. Foto de Bjørn Sæther

La ciudad peregrina junto a Nidaros

Erik Jondell

Junto a la desembocadura del río Nidelven se dispone la meta del viaje de los peregrinos: Nidaros (anteriormente llamada Trondheim) con la iglesia de Cristo y la tumba del rey santo. ¿Cómo se veía Nidaros en la época en la que el flujo de peregrinaciones llegó a su punto máximo en los siglos XIII y XIV? Gran parte de la ciudad de la Edad Media ha desaparecido, pero con la ayuda de arqueólogos, historiadores y lingüistas todavía podemos obtener una imagen de la vieja Nidaros.

El adorno del escudo de armas de Trondheim, un rey con corona sosteniendo una balanza bajo el arco de un castillo y un arzobispo con su bastón y su mitra bajo el arco de una iglesia, data del siglo 13. Este motivo simboliza el equilibrio de poder entre el rey y la iglesia.

La historia de la ciudad es como un gran rompecabezas y en cada excavación se descubre nueva información. Las piezas arqueológicas del rompecabezas, que pueden ser construcciones, calles y cementerios que poseen miles de años de historia de la ciudad, contribuyen a elaborar y cambiar nuestro conocimiento del pasado. Las fuentes históricas o escritas son también piezas muy importantes: cartas, testamentos, diferentes epopeyas de los reyes, las leyes y los decretos. Las leyes de la ciudad del siglo XIV contienen importante información sobre cómo se veía la ciudad. La ley describe, entre otras cosas, cómo dos equipos de vigilantes nocturnos patrullaban las calles de la ciudad durante toda la noche para protegerla de incendios. Se cree que vivían alrededor de 3.000 personas en la ciudad hace aproximadamente 700 años. La población vivía "del campo", además la iglesia y las fuerzas reales devengaban grandes riquezas a través de impuestos y rentas. Los impuestos y rentas eran pagados en bienes como carne, granos y otros productos agrícolas. Los ingresos crearon grandes ganancias, que entre otras cosas se utilizaron para construir iglesias, casas y barcos.

La ciudad no era grande desde la perspectiva de nuestro tiempo. La edificación se concentró en una zona de 200 a 300 metros a lo largo del río y no llegó más al oeste de lo que hoy en día es la calle "Nordre" y "Munkegaten". La imagen de la ciudad es caracterizada por pequeñas casas de madera, calles pavimentadas con leños, iglesias y monasterios. Al Sur estaba la gran iglesia de Cristo, el palacio del arzobispo y la residencia del rey. Hacia el Oeste sólo había campos y prados, con excepción del hospital. Donde hoy está Skansen (el reducto) y donde la península era más estrecha, encontrábamos una palizada que protegía a la ciudad. Del otro lado del río, estaban los dos monasterios Bakke y Elgeseter. En el fiordo estaba el monasterio Nidarholm y, por encima de la ciudad, sobre Steinberget, estaba Sverresborg, el castillo de Sverre.

La ciudad de la Edad Media pudo haber lucido de esta forma alrededor del año 1300. Dibujo de reconstrucción de Erik Jondell / Karl-Fredrik Keller

Una caminata del siglo XIV

Examinemos con detenimiento algunos detalles de una escena de la ciudad. Imaginemos entrar a la ciudad como peregrinos a través del largo puente de madera que cruza el río donde hoy se encuentra el puente Elgeseter. Al llegar a la península, encontramos una torre de defensa, que parece una torre de iglesia. El camino sube desde el río de forma pronunciada y cuando hemos llegado a la llanura, podemos ver el gran palacio del arzobispo, cercado por un sólido muro de piedras. Hay muchas personas entrando y saliendo de la granja, desde la ciudad y desde el río, donde el arzobispo tiene sus barcos y su cobertizo para botes. Seguimos hacia la ciudad y nos acercamos a la iglesia de Cristo, pero antes pasamos por una gran cruz de mármol que el arzobispo Jørund ha ubicado recientemente allí. Cuando hemos llegado cerca de la iglesia de Cristo vemos muchos puestos de picapedreros que tallan piedras para la construcción y esculpen bellas esculturas. Éstas serán ubicadas en la fachada oeste de la gran iglesia, la cual está en construcción. Por lo pronto, bordeamos la iglesia, seguimos en el camino que ahora forma un arco y gira hacia el este al norte de la iglesia de Cristo. Todavía no hemos llegado a la ciudad donde viven los artesanos y comerciantes regulares. Aquí, al norte de la Catedral, podemos ver las casas de los clérigos a la izquierda.

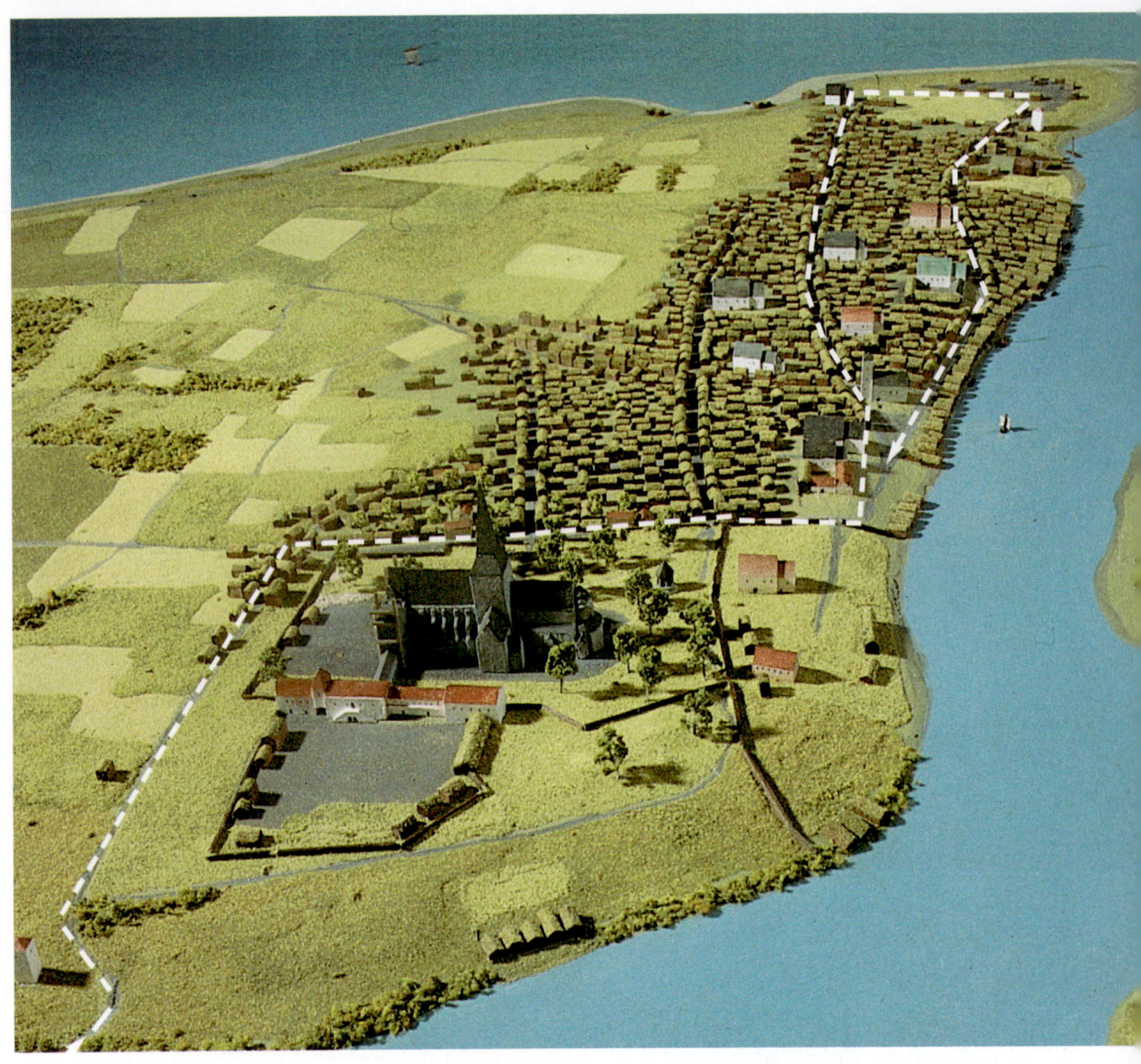

La ciudad medieval vista desde el Sur. Maqueta de una exhibición de la Edad Media en Vitenskapsmuseet (museo de Ciencias naturales). La ruta de la caminata imaginaria se ha señalado en la maqueta. Foto de NTNU Vitenskapsmuseet/ Roar Øhlander

Seguimos en dirección al río, la iglesia de Cristo y el muro del cementerio se mantienen a la derecha. Aquí, al este de la iglesia de Cristo está la residencia del rey con muchas construcciones grandes y pequeñas. El rey también tiene su propia iglesia. Junto al río, casi en frente de la entrada de la antigua residencia del rey, está el monasterio de los dominicanos (número 12 en la reconstrucción de la página 39). Aquí damos vuelta hacia el Norte y pasamos por la ciudad, hacia el fiordo que se encuentra en el Norte. El camino se divide en dos ahora y decidimos tomar la bifurcación izquierda a Langstretet (el gran corredor) para nuestro paso a través de la ciudad. Esta calle se expande a lo largo del pueblo y nos lleva hasta el fiordo. En Langstretet pasamos por Allehelgenskirken (iglesia de todos los santos) y Benediktskirken (iglesia de San Benedicto), y un poco más allá está la iglesia Gregorius y una iglesia con forma de pentagrama, iglesia de St. Martin). Cuando nos acercamos al fiordo y a Ørene (los bancos de arena), según se denomina esta área,

las edificaciones se encuentran más dispersas. Casi en la playa está localizada la iglesia de Margareta con su campanario. Las campanas de esta torre suenan cuando hay fuego en la ciudad. Aquí también está Gildeskålen, un gran salón de fiestas. Giramos hacia la derecha y llegamos al lugar de los herreros. El aire se llena de hollín y humo, y aquí los herreros trabajan en estrechos cuarteles con hierro y cobre. También hay una majestuosa torre de defensa, como la que pasamos junto al puente sur.

Para regresar a la iglesia de Cristo, lo más fácil es tomar el camino paralelo al río. A la izquierda junto al río está lo que se llama Skulegården, casa de Skule. Es realmente el antiguo palacio del rey y se dice que Olav Tryggvason lo construyó. Aquí también se encuentra la pequeña iglesia Klemens. Inmediatamente después entramos a la ciudad otra vez, a las calles llenas de comercios, Kaupmannastretet (calle de comerciantes). Estamos muy cerca del río, donde están los barcos que cargan y descargan productos junto al muelle. En los dos lados de la calle hay construcciones de troncos y tiendas. Allí hay pequeñas puertas hacia un patio adoquinado donde hay muchas personas y animales, y donde algunos peregrinos han alquilado cuartos en un par de casas. Las calles están repletas de gente; niños jugando, artesanos que ofrecen sus productos y mujeres que pasan rápidamente. Pasamos Kaupmannastretet. A la derecha está la iglesia de Olav. La gente cuenta que se permitirá a los franciscanos ocupar este lugar, ya que los rumores dicen que vendrán a establecerse en la ciudad muy pronto. Antes de darnos cuenta, ya estamos de regreso en la puerta de la residencia del rey, por consiguiente, en nuestro destino, la iglesia de Cristo.

Partes de Kaupmannastretet; descubiertas en el terreno de la Biblioteca pública.

37

Retrato de una escena del siglo XIII. La tripulación bajando las velas del barco del rey que va río arriba para atracar en el muelle de la residencia del rey. Langstretet se encuentra en primer plano y a la izquierda está en construcción la iglesia de San Benedicto (donde hoy se encuentra Kjøpmannsgaten 12). Este retrato es de Karl-Fredrik Keller / Øystein Ekroll

Rastros actuales de la ciudad de la Edad Media

Quizás así se puede imaginar una caminata a través de la ciudad hace 700 años. Con excepción de la catedral, Erkebispegården (el palacio del arzobispo) y Vår Frue Kirke (la iglesia de Nuestra Señora) es difícil ver rastros de la ciudad medieval en Trondheim hoy. Sin embargo, si hacemos un esfuerzo, descubriremos que realmente existen varios restos de la antigua ciudad de Nidaros en la Trondheim de hoy. Muchos de los callejones de hoy son idénticos a los de la Edad Media. Krambugata está construida justo sobre partes de Kaupmannastretet, Apotekerveita corresponde parcialmente a lo que era Langstretet y St Jørgensveita es lo que queda de Kirkestretet. De la gran cantidad de iglesias, Nuestra Señora, la iglesia de María de la Edad Media, es la única iglesia parroquial que sobrevivió, y restos de la iglesia de Gregorius pueden verse en el sótano de Sparebank1 (banco de ahorros) de la calle Søndre. Abajo de la biblioteca pública está la iglesia de Olav. En el palacio del arzobispo se ubican los impresionantes salones de roca construidos en los siglos XII y XIII. En el museo nuevo tienen partes del antiguo muro que rodeaba la ciudad y de un taller de monedas. Quizás la ciudad de la Edad Media no es tan fácil de ver. Pero si prestamos más atención y somos curiosos, resulta obvio que la moderna Trondheim está construida en cimientos históricos.

En las excavaciones se han descubierto y diagramado ruinas de iglesias y cementerios de la ciudad de Trondheim de la Edad Media, pero no sabemos con exactitud si se ha encontrado todo. Por esa razón existe algo de inseguridad acerca de los nombres de las ruinas. Según las interpretaciones más generalmente aceptadas, los nombres son los que se enumeran a continuación:

1. Iglesia de St. Margareta (en el camino Karl Johans)
2. Iglesia de Klemens (debajo de Trygdekontoret, el edificio de Seguridad Social)
3. Iglesia de St. Martin (abajo de la Oficina de Correo)
4. Iglesia desconocida (¿St. Andrew?)
5. Iglesia de Gregorius (debajo del Banco de Ahorros)
6. Iglesia de Olav, Monasterio Franciscano (debajo de la Biblioteca Pública)
7. Iglesia de María (Nuestra Señora – Vår Frue Kirke)
8. Korskirken
9. Allehelgenskirken (iglesia de todos los santos)
10. Iglesia de San Benedicto
11. Iglesia desconocida (¿St. Peter?)
12. Monasterio de los dominicanos
13. Iglesia de Nikolai en la residencia real
14. Iglesia de Cristo

Foto de NTNU Vitenskapsmuseet/ Roar Øhlander

La catedral de Nidaros

Arne Bakken

"Repicaron las campanas de las iglesias y monasterios cuando Kristin entró al campo santo de la iglesia de Cristo. Por un momento se atrevió a mirar hacia arriba, al paredón oeste de la iglesia, y deslumbrada volvió su vista al piso. Los humanos no podrían haber logrado esta obra por sus propias fuerzas, el espíritu de Dios ha trabajado en el santo Øystein y en los constructores de esta casa vinieron después de él". Para el personaje del libro de Sigrid Undset, Kristin Lavrandsdatter, la iglesia de Cristo en Nidaros era un "reflejo de la gloria del reino de Dios." Muchos han sentido que experimentar la belleza puede generar un desafío ético: "ahora ella notó cuán bajo se encontraba en el polvo ..."

Los constructores de la catedral querían crear un espacio donde cielo y tierra se encontraran, y donde los peregrinos pudieran reconocer la grandeza y la responsabilidad del ser humano.

La escultura de San Olav se adorna con una corona todos los 29 de julio, Día de San Olav. Foto de Jøran Wærdahl

La iglesia de Cristo, construida sobre la tumba de un rey vikingo

No fue la vida de Olav Haraldsson lo que lo hizo un santo, sino su muerte. Cuando perdió la batalla en Stiklestad el 29 de julio de 1030, convirtió con el tiempo a todo un pueblo a la nueva fe en Cristo.

Las tradiciones de Olav nos cuentan sobre la profunda, misteriosa y vivificante conexión entre incapacidad y poder, desesperación y esperanza, muerte y vida. La catedral da vida a los valores espirituales que transmitía San Olav. La tarea más importante de un santo es guiar el camino hacia Cristo. La iglesia que se hizo, donde fue enterrado, se llamaba iglesia de Cristo en Nidaros.

Construyeron una capilla de madera sobre la tumba de Olav inmediatamente después de su beatificación el 3 de agosto de 1031. Alrededor del año 1070, Olav Kyrre fundó la primera iglesia de Cristo en el mismo lugar. El altar mayor con el santuario del rey se colocó donde la tumba había estado.

Sin embargo, el número de peregrinos crecía y era necesario ampliar la iglesia. Alrededor de 1150 empezaron a construir el crucero actual de la iglesia. La persona que tiene más probabilidades de haber sido el arquitecto y

Procesión con un antiguo santuario en las afueras de la catedral de Nidaros en el siglo XIV. A la izquierda podemos ver la entrada en forma de arco entre la iglesia y el palacio del Arzobispo. Dibujo de reconstrucción por Karl-Fredrik Keller/Øystein Ekroll

constructor de la gótica catedral de Nidaros es Øystein Erlendsson (arzobispo desde 1161 hasta 1188). Era de la región, pero era un hombre cosmopolita que manifestaba filosofías e ideas europeas. Estudió en las universidades de Francia. Cuando regresó de su exilio en Inglaterra, que se debía a desacuerdos con el rey Sverre, empezó, en 1183, la construcción de una catedral gótica. Antes de su muerte logró terminar la sala capitular y el octágono del altar mayor se había comenzado. Se asume en general que la catedral con su estilo gótico fue terminada alrededor del año 1300 después de Cristo.

En la catedral se han originado cinco incendios y se ha tenido que reconstruir. Un incendio en 1531 dejó casi toda la nave del Oeste en ruinas. Cuando empezó el gran trabajo de restauración en 1869, se inspiraron en muchos de los lugares que el arzobispo Øystein visitó en su época. Por lo tanto, gracias a sus perspectivas internacionales, Øystein se ha convertido en el símbolo mismo de una catedral del lejano Norte perteneciente a toda una familia de iglesias en Europa.

El sello de la Sociedad de la catedral de Nidaros de 1225 d. de C. muestra a San Olav sentado en el trono con una corona, un cetro de lirio y un orbe en forma de cruz.

Cuando los peregrinos de la Edad Media visitaban la tumba de San Olav en Nidaros o uno de los otros lugares cristianos donde un santo descansaba, creían que podían recibir los poderes divinos del santo.

La catedral y la peregrinación

En la catedral podemos reconocer el patrón básico de una peregrinación: la partida, el camino, la meta y el regreso a casa.

La fachada oeste (la entrada de la iglesia) representa claramente la frontera por la cual nos introducimos a otro mundo y es un símbolo del anhelo de *partir* del peregrino.

El *camino* se puede ver a la distancia entre las puertas del Oeste y la *meta* es el altar mayor del Este. El camino hacia la luz en el Este es un viaje por el "bosque de las columnas", un viaje donde se puede ver que el "paisaje" cambia todo el tiempo. Uno siente que entra en nuevos cuartos constantemente. Las expectativas y la curiosidad aumentan durante el viaje.

En la meta (el altar mayor), el santuario de San Olav ha estado ausente desde el tiempo de la Reforma. En el actual altar mayor de la década de 1880, el relieve central muestra a los caminantes de Emmaus y a Cristo Resucitado. La edificación cuenta con un pasaje alrededor del altar mayor que guía a los peregrinos nuevamente hacia la salida de la iglesia. Un peregrino no puede permanecer mucho tiempo en el lugar sagrado. Parte del viaje del peregrino es el *regreso a casa*. Se decía que los peregrinos de la antigüedad siempre volvían a sus villas habiendo dejado de lado un prejuicio, reemplazándolo por un nuevo pensamiento. Algunas veces podía ocurrir una transformación, otras veces no.

La catedral y la lucha de la vida

Una catedral es una habitación espiritual común donde los peregrinos encuentran la fuerza que necesitan para vivir con las tensiones y contradicciones que cada uno tiene en su interior.

La arquitectura, el arte, las oraciones y las misas; todo esto expresa la lucha del hombre entre la luz y la oscuridad. El dolor y la alegría, la desesperación y la esperanza se colocan en un contexto mayor.

Birgitta de Vadstena realizó peregrinaciones a Nidaros (en 1330), a Santiago de Compostela en 1341–1343 y a Roma (1349). Su tumba en Vadstena fue uno de los más importantes santuarios peregrinos del Norte. Esta escultura está en la torre frontal suroeste. Foto de Jøran Wærdahl

La iglesia está ubicada en dirección Este-Oeste. El altar mayor está ubicado en el Este, que según

La escultura del albañil en la parte superior de la fachada oeste. Foto de Jøran Wærdahl

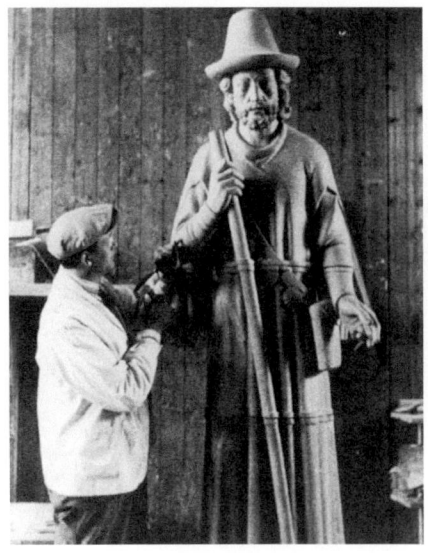

El albañil Josef Ankile mientras labra la escultura del apóstol Jacobo. Foto de Nidaros Domkirkes Restaureringsarbeider

la tradición es el lugar de Cristo, el lugar de la salida del sol y del nuevo día. El peregrino entra desde el Oeste, el lugar de la puesta del sol, la morada de la oscuridad y las fuerzas destructoras de la vida. Las numerosas esculturas de la fachada oeste representan a hombres y mujeres recordados por haberse atrevido a enfrentar la oscuridad en todas sus formas. Entre todos los santos encontramos trabajadores corrientes: campesinos que siembran y cosechan granos, mujeres que hilan y hacen queso, zapateros, herreros y muchos otros. Todos se encuentran muy ocupados con las tareas necesarias para vivir. Aquí en la catedral todas las tareas de la vida se colocan en una perspectiva más amplia. ¡El trabajo de cada día que debe realizar el hombre es parte de la lucha contra los poderes destructivos!

La catedral refleja una lucha continua, que nunca podrá terminar verdaderamente mientras exista gente sobre la Tierra. Esto está expresado, entre otras cosas, en una figura ubicada en la parte superior de la pared oeste. Allí podemos observar un albañil con un ladrillo en una mano y una paleta en la otra. En la pared detrás de él hay un espacio vacío, donde debe colocarse la piedra. Nosotros y nuestros contemporáneos también somos constructores de catedrales cuando luchamos del lado de la vida en contra de la injusticia y todo lo que amenaza la vida. De esta manera, el albañil de la pared oeste nos habla de la responsabilidad y grandeza del ser humano. Es como si la catedral quisiera dialogar con todos los que cruzan su umbral. ¡Como si deseara algo! ¡Como si hubiera visto algo! Las catedrales fueron construidas en un tiempo en que no sólo se las admiraba. En ese tiempo no se distinguía entre forma y contenido, ya que la forma expresaba parte del contenido. Por esa razón ninguna persona que entraba en la catedral podía observarla de manera neutral.

Se puede apreciar que los que construyeron la catedral han mirado el bien y el mal directamente a los ojos. El lugar sagrado pone de manifiesto la lucha de la vida. En la catedral el ser humano se encuentra en el centro de la lucha entre el abismo y el apogeo de la vida, con su mente y sus sentidos, su intelecto y sus emociones, su impotencia y su poder.

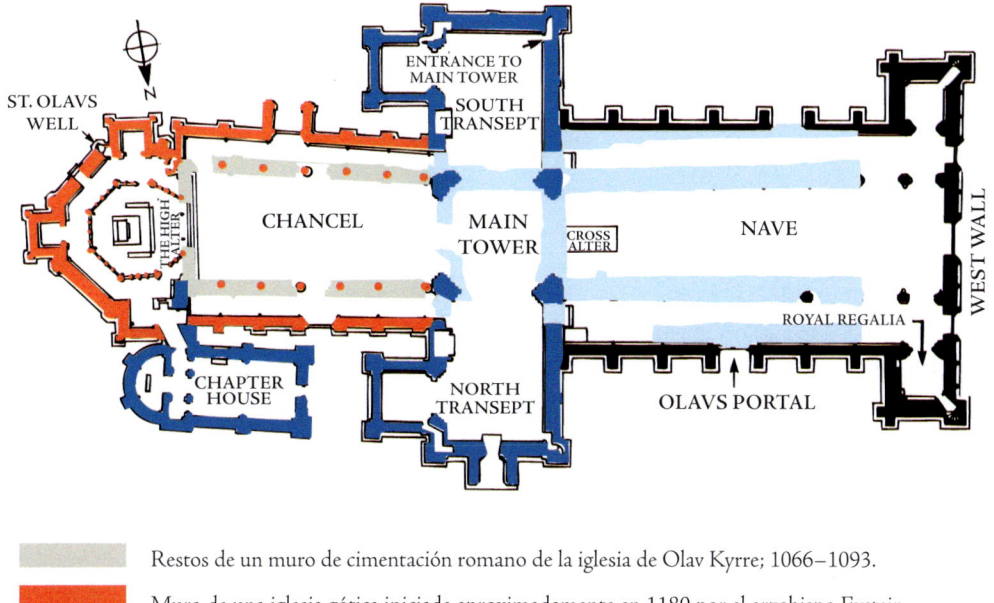

- Restos de un muro de cimentación romano de la iglesia de Olav Kyrre; 1066–1093.
- Muro de una iglesia gótica iniciada aproximadamente en 1180 por el arzobispo Eystein.
- Muro de una iglesia romano-normanda. Crucero que el arzobispo John comenzó en 1152 y continuó el arzobispo Eystein, quien también construyó la sala capitular.
- Muro de la primera nave de una iglesia romano-normanda, que comenzó a construirse en 1155, fue continuada por Eystein y demolida por el arzobispo Sigurd alrededor del año 1230.
- Muro de una iglesia gótica iniciada aproximadamente en 1230 por el arzobispo Sigurd. La fachada oeste con la torre comenzó a construirse en 1248. El interior se terminó cerca de 1320.

Hasta hoy la catedral de Nidaros ha sido el centro de la vida espiritual del país. Nos cuenta de los valores fundamentales que han tenido influencia en el individuo y las personas en su conjunto. En algún sentido, cada persona lleva una catedral en su interior. En la catedral los peregrinos pueden encontrar la inspiración para descubrir la grandeza y el misterio en otras personas y en la vida misteriosa y compleja de la que todos somos parte.

El Insignias peregrinas

Lars Andersson

La peregrinación fue una importante fuente de ingresos para la iglesia católica, ya que las colectas y ofrendas se incrementaron.

Estos ingresos a menudo aumentaban con la venta de las denominadas insignias peregrinas. Eran pequeños emblemas decorativos fabricados en metal que las personas usaban visiblemente, como un recuerdo, como si fueran una prueba de que habían completado el viaje de peregrinación.

Las insignias peregrinas más antiguas de Europa datan del siglo XII, pero fueron más populares en los siglos XIV y XV. Fueron producidas en series y la mayoría de las veces se diseñaban como pequeñas imágenes con relieve en uno de los lados. Estaban fundidas en una mezcla de plomo y estaño y medían entre 5 y 10 cm de ancho. Como las insignias eran fabricadas para ser colocadas en la ropa, el bolso o el sombrero del caminante, también tenían, generalmente, presillas pequeñas en los costados.

Un tipo de insignias peregrinas muy especiales fueron las vieiras (*Pecten Maximus*) que eran vendidas en Santiago de Compostela, al noroeste de España. La vieira era un ícono del apóstol Jacobo y también simbolizaba el concepto de peregrinación.

El origen geográfico de las insignias peregrinas generalmente se comprende por el diseño de la imagen en relieve. Éste muestra el propósito del viaje, el santo adorado o su atributo, la imagen de culto que hacía milagros o la reliquia. A veces se grababa una inscripción con el nombre del lugar.

Antiguas vasijas de cerámica de gres. Quizá algunas de estas piezas fueron utilizadas en el pozo de Olav en la catedral. Foto del Museo de Ciencias/Gorm K. Gaare

Las insignias peregrinas de Nidaros muestra a San Olav sentado o parado con un hacha en una mano y algunas veces con un orbe en forma de corona en la otra mano. En algunas de las insignias la figura está rodeada por un marco con un arco redondo y pequeñas columnas. Ninguna de las insignias hasta ahora encontradas tiene leyendas. Por el momento sólo se han encontrado entre diez o veinte de estas insignias en excavaciones arqueológicas o en restauraciones de iglesias. Sin embargo, esta mínima cantidad no es indicativa del número de peregrinos que visitaron Nidaros. Las insignias descubiertas datan del siglo XV y principios del siglo XVI; esto coincide con lo que conocemos sobre insignias de la segunda gran peregrinación de Escandinavia, el santuario de peregrinación de la santa Birgitta en Vadstena. Las insignias peregrinas fabricadas en Escandinavia datan de fines del período medieval. Los lugares donde se han descubierto las insignias sugieren que la mayoría de los peregrinos provenían de países nórdicos. Todavía no se han encontrado insignias de San Olav en el continente ni en las Islas Británicas.

Aparte de las insignias tradicionales de metal, conocemos un tipo especial de vasija de barro en miniatura con dos pequeñas asas en los costados. Estas antiguas vasijas algunas veces han sido utilizadas durante el culto santo en Noruega. En Suecia y Dinamarca, sin embargo, sólo hay algunos ejemplares de este tipo de vasijas, pero en Noruega se han encontrado al menos 150 en casas de campo o viviendas en los pueblos medievales. Han sido obviamente utilizadas de diferentes formas, pero existe evidencia que las vincula con los viajes de peregrinación a Nidaros. A finales del siglo, el pozo de Olav que se encuentra dentro de la catedral se limpió. Se encontró una vasija en el fondo del pozo, atorada entre dos piedras. Es posible que un peregrino la haya perdido cuando buscaba agua bendita. Esta agua bendita y sus poderes era una de las razones de las extensas peregrinaciones a Nidaros durante la Edad Media.

Arriba:
La insignia de San Olav encontrada en un tríptico de la iglesia de Sånga en Ångermanland, Suecia, en 1470. Foto del Statens Historiska Museum, Estocolmo.

Abajo:
Vieira peregrina de Santiago de Compostela, España, encontrada en una tumba de las ruinas de la capilla Västerhus en Frösön de Jämtland, Suecia. Foto del Statens Historiska Museum, Estocolmo

Iglesias de Olav en Europa

Bjørn Olav Grüner Kvam

Al decir "Iglesias de Olav" nos referimos a las iglesias donde el santo Olav solo, o junto con otros santos, fue nombrado santo patrono de éstas cuando fueron consagradas. Existen al menos 340 iglesias y capillas que fueron dedicadas a San Olav antes de la Reforma (aproximadamente antes del año 1540).

En Noruega existieron al menos 52 iglesias de Olav. La mayoría se encuentra en las diócesis de Oslo, Borg y Tunsberg, al norte de la diócesis de Agder, en los decanatos de Vinger, Odal y Solør en la diócesis de Hamar, así como en Båhuslän, Suecia. En el Oeste y Norte del país se conocen pocas. Sin embargo, hay muchas iglesias que no poseen un santo protector conocido.

Hoy sólo quedan 17 Iglesias de Olav en Noruega. Éstas son Trøgstad, Eidsberg, Ringsaker, Lom, Fiskerkapellet en Maihaugen, Sem, Våle, Borre, Hem, Tanum, la antigua iglesia de Skoger, la antigua iglesia de Fiskum, la antigua iglesia de Bø, Seljord, Avaldsnes, la catedral de Bergen y la iglesia de Stiklestad. De éstas, Lom, Våle, Tanum, Avaldsnes y la catedral de Bergen se encuentran generalmente abiertas en verano. Ringsaker y Borre son las iglesias de los caminantes, que también ofrecen excursiones guiadas, refrescos y servicios o meditación.

Debajo de la biblioteca pública de Trondheim están las ruinas de una vieja iglesia de Olav. Esta iglesia era de roca y fue construida en la segunda mitad del siglo XII para remplazar una iglesia de madera que fue construida en el lugar donde el cuerpo del rey Olav se conservó después de la batalla de Stiklestad. La iglesia de roca fue una iglesia parroquial hasta principios del siglo XIV, cuando el monasterio franciscano más septentrional fue fundado en este lugar. El monasterio y la iglesia se quemaron en un gran incendio el 5 de mayo de 1531. Las fuentes también hablan de la capilla de la tumba de San Olav, probablemente construida en madera, en el lugar a donde el cuerpo de Olav fue transportado y sepultado, y donde la catedral de Nidaros se levanta hoy.

En Suecia conocemos al menos 75 iglesias consagradas a San Olav, en Dinamarca aproximadamente 20 y en Finlandia 13. Las 70 dedicatorias conocidas en Islandia muestran la gran influencia de la tradición de Olav hacía el Oeste. La iglesia de Olav en Thinvellir es una de las más importantes y probablemente fue fundada por el propio rey santo. En las Islas Británicas había 45 iglesias de Olav y hoy quedan 16. Cuatro de ellas están en Londres. Marygate en York, Kirkwall en las Islas Orcadas y Waterford en Irlanda son las más antiguas. En las Islas Feroe todavía se utiliza la iglesia de Olav en Kyrkjebø.

En otras partes de Europa había capillas de Olav en Amsterdam y Maastricht en los Países Bajos, y Gdansk en Polonia. En Alemania y en los antiguos pueblos hanseáticos, San Olav es principalmente representado con altares consagrados al rey santo, además de muchas Comunidades de Olav. Había altares de Olav en Bremen, Rostock y Stralsund. La iglesia de Olav en Tallin (antes

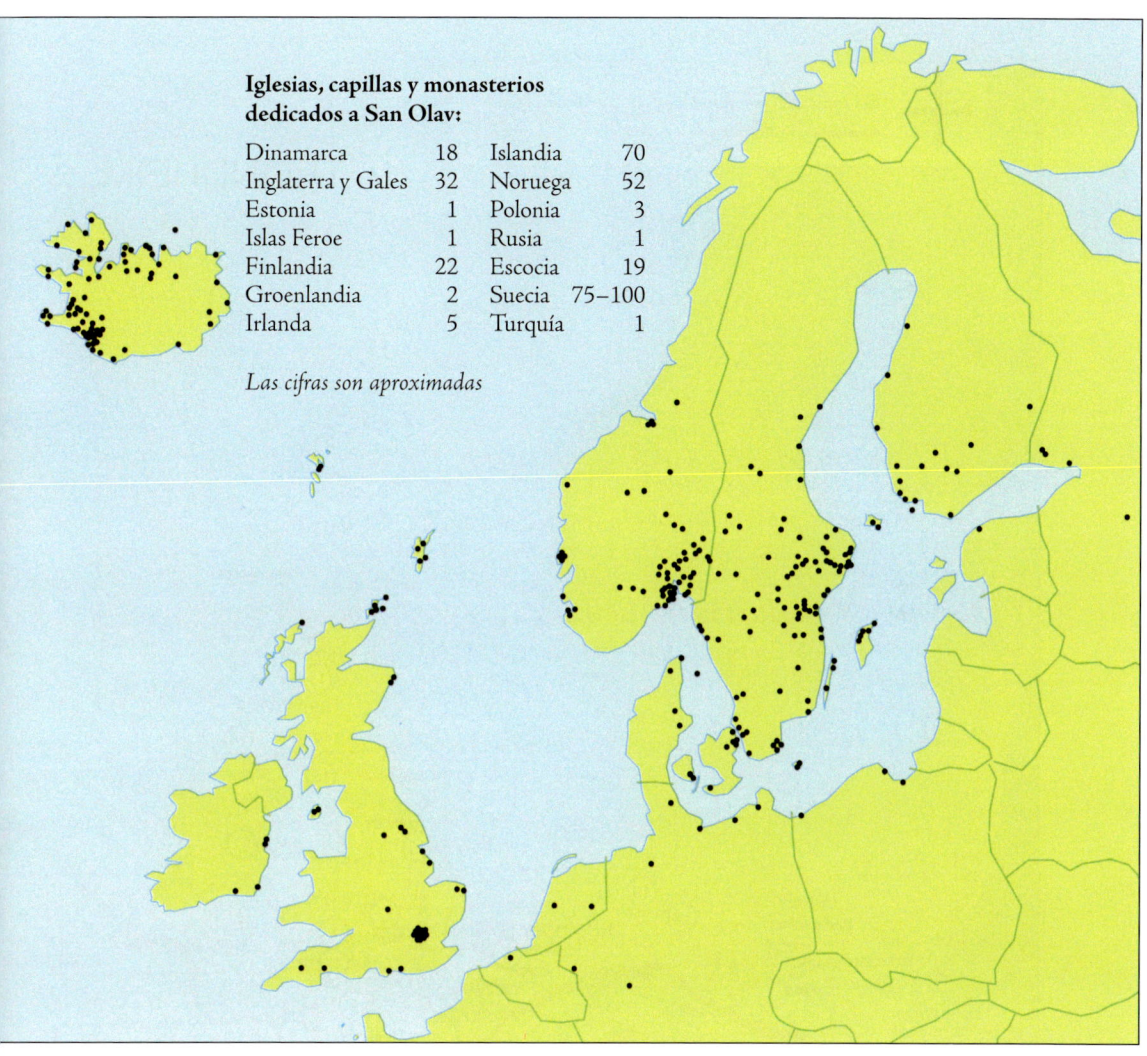

Iglesias, capillas y monasterios dedicados a San Olav:

Dinamarca	18	Islandia	70
Inglaterra y Gales	32	Noruega	52
Estonia	1	Polonia	3
Islas Feroe	1	Rusia	1
Finlandia	22	Escocia	19
Groenlandia	2	Suecia	75–100
Irlanda	5	Turquía	1

Las cifras son aproximadas

Reval), la capital de Estonia, es una de las iglesias que todavía existe. La iglesia de Olav que se encuentra más al Este del mundo está en Novgorod (anteriormente Holmgard) en Rusia.

También había una iglesia de Olav en el Sur, en la capital de Turquía, Estambul (anteriormente Miklagard/Constantinopla). Las iglesias de Olav en los países nórdicos, en las Islas Británicas y en el continente muestran que la tradición de Olav ha tenido un gran éxito en toda Europa del norte.

¿Dónde está …?

1. Catedral de Nidaros
2. El palacio del Arzobispo
3. El puente del pueblo antiguo
4. Iglesia de Gregorius, ruinas
5. La iglesia del hospital
6. Kristiansten Festning (fuerte)
7. Iglesia Lade, exhibición de la Edad Media
8. Munkholmen
9. El Museo Nacional de Arte Decorativa
10. Sala de Olav
11. Manantial de Olav
12. Iglesia de Olav, ruinas
13. Pirterminalen (muelle de botes)
14. Estación de policía
15. Ravnkloa (mercado de pescado)
16. Hospital regional
17. Museo Ringve
18. Estación central
19. Skansen
20. Farmacia de St. Olav
21. Iglesia de St. Olav
22. La Residencia real
23. Studentersamfundet (centro de estudiantes)
24. Tavern (restaurante)
25. Trondheim Hospital
26. Asociación de arte de Trondheim/ Galería de arte Trøndelag
27. Museo marítimo
28. Trøndelag Kunstnersenter/ Centro de arte
29. Museo tradicional Trøndelag, Sverresborg
30. Teatro Trøndelag
31. Utsikten/Punto de observación
32. Museo de Ciencias con Exhibición medieval
33. La iglesia de Nuestra Señora
34. Dokkhuset
35. Nidaros Pilegrimsgård (Posada peregrina de Nidaros)

i Visit Trondheim (Munkegt. 19)

····· Ladestien

Estimado peregrino y turista

¡Bienvenido a Trondheim, la meta de su peregrinación! Esperamos que disfrute de su estadía y, para ayudarlo, nos complacemos en brindarle información sobre transporte público, taxis, alojamiento, lugares históricos, museos, vistas e información turística que vale la pena conocer.

Nidaros Pilgrimsgård (Posada peregrina de Nidaros)
Esta posada para peregrinos está situada de manera escénica justo al este de la Catedral de Nidaros en la margen del río. Durante la temporada de verano los peregrinos pueden encontrar alojamiento y comida en este lugar, además de la oportunidad de lavar y secar su ropa. Se encontrarán con otros peregrinos cuyas caminatas los han traído hasta este lugar, con quienes podrán compartir sus experiencias. Además también encontrarán una habitación para reflexionar y rezar en tranquilidad. Las horas de oración se coordinan con las misas de la catedral. Durante el resto del año este lugar sirve como un centro de retiro para cursos y conferencias.
Dirección: Kjøpmannsgata 1   www.pilegrim.info

Transporte e información turística

Autobuses y tranvías de la ciudad
La mayoría de las líneas de autobuses parten desde Munkegaten o Dronningens (calle) en el centro. Para obtener información sobre las partidas, llame al tel.: +47 815 35 230.

Graakallbanen (tranvía) transborda entre el camino de San Olav en el centro y Lian junto a Bymarka, todos los días.

Tel. de taxi: 07373
                 08000

Salidas de trenes y autobuses
La Estación central de Trondheim es la terminal compartida de trenes y autobuses desde donde también parten los autobuses (llamados *flybuss*) hacia el aeropuerto *Trondheim Airport* Værnes. Para obtener información, llame al tel.: 177 +47 73 88 39 00

Reserva de hoteles, alojamiento y guías
Visite Trondheim AS (Departamento de convenciones y turismo de Trondheim), la plaza de la ciudad, Munkegt. 19. Tel.: +47 73 80 76 60. Correo electrónico: touristinfo@visit-trondheim.com. Encontrará folletos e información sobre la región y el resto del país.

Vistas, sitios históricos y museos

El palacio del Arzobispo
La construcción secular más antigua de Escandinavia. El trabajo en esta construcción comenzó durante la segunda mitad del siglo XII. Fue la residencia del Arzobispo hasta la Reforma en 1537. El museo del palacio del Arzobispo exhibe esculturas originales de la catedral de Nidaros y descubrimientos arqueológicos de la dramática historia del palacio. Sitio web: www.nidarosdomen.no.

La iglesia del hospital
Construida en 1705, es la primera iglesia de madera con forma octogonal que se construyó en

Noruega y Suecia. Se sitúa en el hospital Trondhjems en la calle Kongens. Se puede caminar la distancia entre ésta y el centro de la ciudad.

Ruinas de iglesias de la Edad Media

Las ruinas de Olavskirken (una iglesia de 1100) se encontraron en el patio del edificio de una biblioteca pública en Peter Egges Plass. Se puede observar parte del cementerio y algunos esqueletos que se han conservado bien. El horario de atención es el mismo que el de la biblioteca.

En el sótano de un importante banco de ahorro se pueden apreciar las ruinas de Gregoriuskirken, una iglesia que se remonta al siglo XII. Las ruinas se pueden visitar durante el horario de atención de dicho banco en Sparebank1 Midt-Norge, calle Kongens 4, en la calle Søndre (entrada de la calle).

Munkholmen

La Isla de los monjes fue uno de los primeros monasterios benedictinos que se construyó en los países nórdicos, justo antes del año 1100 d. de C. En 1658 se convirtió en el fuerte de una prisión. En la actualidad es un centro turístico que posee playa y restaurante. Hay salidas de botes cada una hora desde Ravnkloa durante la temporada de verano.

Fuerte Kristiansten

Esta fortaleza fue construida por el general Johan Caspar de Cicignon al momento de la reconstrucción de Trondheim, luego del incendio de 1681. Algunas placas conmemorativas indican dónde fueron ejecutados varios miembros noruegos de la resistencia durante la Segunda Guerra Mundial.

Nordenfjeldske Kunstindustrimuseum

Museo nacional de Arte aplicado, Munkegt. 5, tel.: +47 73 52 13 11. Exhibiciones de diseños y arte industrial internacional y noruego. Sitio web: www.nkim.museum.no

Manantial de Olav junto a Hadrians Plass

Éste es el manantial sagrado de los peregrinos al norte del puente Elgeseter.

Ravnkloa

Al norte de Munkegaten yace Ravnkloa, el mercado de pescado de la ciudad. Los botes llegan hasta Munkholmen.

Museo Ringve

El Ringve es el museo nacional de Noruega de instrumentos musicales y música. Está a 10 minutos en auto desde el centro de Trondheim, se encuentra situado de manera escénica en medio de los jardines botánicos de Ringve.

Rustkammeret / Det nordenfjeldske hjemmefrontmuseum

Éste es un museo del ejército en el palacio del Arzobispo que presenta una exposición de uniformes y armas.
Tel.: +47 73 99 58 31. Sitio web: www.mil.no/felles/rkt

Skansen

Los restos de la defensa de Trondheim hacia el Oeste, donde alguna vez estuvo la entrada de la ciudad. Hoy es un parque con una hermosa vista del fiordo.

Stiftsgården

Ésta es la mansión de madera más grande de Noruega. Construida en 1774–1778 en Munkegt 23, hoy es la residencia real oficial en Trondheim. Tel.: +47 73 84 28 80 y +47 73 80 89 50. Sitio web:
www.nkim.museum.no/stiftsgarden.htm

Gamle Bybro

El viejo puente del pueblo fue primero construido en este lugar en el año 1681. En la margen oeste la antigua casa de la aduana todavía se mantiene de pie. El puente actual fue construido en 1861.

Bryggene

Los embarcaderos. El más antiguo de los embarcaderos junto al río Nidelva data de principios de 1700. Los muelles que se encuentran frente al mar son de 1800 y 1900.

Sukkerhuset

La fábrica de azúcar, en la calle E. C. Dahls 2 en Kalvskinnet fue construida como una refinería de azúcar en 1752 y más tarde se convirtió en una cervecería, desde 1856 hasta 1984. Éste es el edificio industrial más antiguo que todavía existe en Noruega.

Trondheim Kunstmuseum / Trøndelag Kunstgalleri

Galería de arte de Trondheim: Bispegt 7B. Situada frente a la catedral de Nidaros; tel.: +47 73 53 81 80. La galería de arte posee una gran colección de arte noruego y de otros países que data desde aproximadamente el año 1800 hasta la actualidad. Sitio web: www.tkm.no.

Trondhjems Hospital

Encontrará este lugar en Hospitalsløkkan 2–4. El hospital es la institución social existente más antigua de Noruega, fundado en 1277 como un lugar para cuidar leprosos y cadenciados, que también sirvió como un hospicio para peregrinos. Actualmente, se utiliza como hogar para personas mayores.

Trøndelag Folkemuseum, Sverresborg

El Museo tradicional es el museo central de Historia cultural de la región. Localizado en el lugar del castillo de 800 años del rey Sverre, su Monte Zion, se han colocado aquí y se han restaurado 60 edificios, que incluyen una iglesia medieval de madera, las granjas de la montaña, los cobertizos para botes, las casas y mansiones de la ciudad. El Museo de Ski Trøndelag también está ubicado aquí. Para reservar excursiones guiadas, llame al tel.: 73 89 01 00. Tavern, una posada de 1739, se encuentra abierta todo el año, tel.: +47 73 87 80 70. Sitio web: www.sverresborg.no.

Trøndelag senter for samtidskunst (centro de Arte contemporáneo)

Dirección: Fjordgt 11. Tel.: + 47 73 52 49 10. www.samtidskunst.no

Vitenskapsmuseet (Museo de Ciencias naturales)

Calle Erling Skakkes 47. Tel.: +47 73 52 49 10. Las colecciones de historia natural incluyen animales, plantas y minerales y una exhibición de los numerosos tipos de ecosistemas de Noruega central. Las exhibiciones de historia cultural incluyen artefactos arqueológicos de la Edad de Piedra, la Edad de Bronce y la Edad de Hierro, la exhibición medieval con descubrimientos de excavaciones recientes en el centro de Trondheim, una exposición del arte de las iglesias desde la Edad Media hasta aproximadamente el año 1700 y una exhibición de la historia cultural de Saami del sur. Sitio web: www.ntnu.no/vmuseet.

"Det jødiske museum" (el Museo judío) de Trondheim

Calle Arkitekt Christies 1b. Tel.: +47 73 52 94 34. Sitio web: www.jodiskemuseum.no

Otros museos

Galería de arte de Trondheim (*Trondhjems Kunstforening*), Museo del tranvía de Trondheim (*Sporveismuseet*), Museo marítimo de Trondheim (*Sjøfartsmuseet*), Museo nacional de Justicia de Noruega (*Rettsmuseet*) y Centro de Ciencias de Trondheim (*Vitensenteret*).

Iglesias medievales

Iglesia Byneset, originalmente Mikaelskirken en Stein en 1170-1180, Spongdal en Byneset. Cerca del lugar donde hoy se ubica la iglesia existía un lugar pagano de adoración de la era precristiana. Tel.: +47 72 83 58 40.

Iglesia Lade, de aproximadamente 1180, Lade allé 36. Durante la era precristiana, a 100 metros al noreste de la granja Lade, existía un lugar pagano de adoración.

La iglesia de Nuestra Señora (Vår Frue Kirke) fue originalmente Mariakirken del siglo XIII. Queda en la calle Kongens 5 al sur de la calle Nordre.

Catedral de Nidaros
Hay servicios los días domingo a las 11 y a las 6. Se realizan reuniones de oración de lunes a sábado a las 12.15. Podrá disfrutar de recitales de órgano todos los días de semana y los sábados a la 1 p. m. Las oraciones de la tarde en la sala capitular se llevan a cabo los viernes a las 7 p. m. Durante la temporada de turismo, se ofrecen servicios vespertinos para todos los viajeros todos los días a las 5.40 p. m.
www.nidarosdomen.no

La iglesia católica de Trondheim
St. Olavs Kirke (su origen data de 1872), calle Schirmers 1. Tel.: +47 73 52 12 14. Sitio web: www.katolsk.no/mn/Trondheim. Abierta para oraciones de las 9 a. m. hasta las 7 p. m. Las misas de los días de semana son a las 6.30 p. m. y la misa de vigilia se realiza los sábados a las 6.30 p. m. Los domingos, la misa es a las 9 a. m. y la misa grande a las 11 a. m.

Trondheim, un pueblo de cultura

El Festival de San Olav en Trondheim – *Olavsfestdagene*
Este festival de cultura y religión se basa en el Día de San Olav y en la catedral de Nidaros, que se lleva a cabo a finales de julio y dura hasta la primera semana de agosto.

El Día de San Olav marca la muerte del santo en la batalla de Stiklestad. Desde tiempos medievales, ésta ha sido una importante celebración, una tradición dentro de la iglesia y para el público en general. La catedral de Nidaros es el centro religioso durante la celebración. Ahora, los peregrinos regresan a Nidaros, algunos transitan el sendero del peregrino y otros utilizan modernos medios de transporte. Durante los últimos días de julio se ofrecen pequeñas y grandes misas en varias iglesias de la ciudad. El evento más importante es "Olavsvaka", velatorio de Olav en la catedral, durante la noche entre el 28 y el 29 de julio.

Los eventos culturales durante la celebración de San Olav incluyen conciertos, actuaciones teatrales, lecturas, exhibiciones, peregrinaciones y excursiones. La celebración de la gente ha encontrado su expresión en un mercado histórico donde se recrean el humor y la conmoción de las ferias medievales, con ventas del trabajo de artesanos, demostraciones de antiguas técnicas de artesanías, refrescos y entretenimiento. La oficina de *Olavsfestdagene* está situada en la calle Dronningens 1B. Tel.: +47 73 84 14 50. www.olavsfestdagene.no.

Olavshallen, la sala de conciertos
Hay conciertos todo el año en dos salas en Kjøpmannsgt 44. Para obtener boletos e información, llame al tel.: +47 73 53 40 50. Sitio web: www.olavshallen.no.

Dokkhuset
Dokkparken 4
Área de jazz y música de cámara. Tel.: +47 73 60 59 33
Sitio web: www.dokkhuset.no

Orquesta sinfónica de Trondheim
Se ofrecen conciertos todas las semanas. Para obtener boletos e información, llame al tel.: +47 73 53 40 50. Sitio web: www.tso.no

Teatro Trøndelag
Calle Prinsens 18–20. Para obtener boletos e información, llame al tel.: +47 73 80 50 00. Sitio web: www.trondelag-teater.no

Información que debe conocer

Trondheim Folkebibliotek: biblioteca pública de Trondheim
Peter Egges Pl. 1. Tel.: +47 72 54 75 20 y +47 72 54 72 00. Sitio web: www.tfb.no.

Oficina de correo
La oficina de correo principal se encuentra en la calle Dronningens. 10. Tel.: +47 810 00 710
Se encuentra abierta de lunes a viernes de 8 a. m. a 5 p. m. y los jueves de 8 a. m. a 6 p. m. Los sábados de 9 a. m. a 3 p. m. Se puede pasar a recoger el correo. Tienda de estampillas.

Estación de policía
Dirección: Gryta 4. Tel.: +47 73 89 90 90 y +47 02 800.

Emergencias médicas:
Hospital en caso de accidentes,
tel.: +47 73 99 88 00

Emergencias odontológicas,
 tel.: +47 73 50 55 00

Servicio de emergencias químicas:
St. Olav Apotek
Centro comercial Solsiden, Beddingen 4. Tel.: +47 73 88 37 37. Abierto los días de semana desde las 8.30 a. m. hasta la medianoche y los domingos desde las 10 a. m. hasta la medianoche.

Emergencias:
POLICÍA: 112
BOMBEROS: 110
AMBULANCIA: 113

Municipalidad de Trondheim.
Administración:
Ayuntamiento, Munkegata 1 junto a la catedral de Nidaros. Tel.: +47 72 54 60 11

Una breve historia de Trondheim

Jon Øyvind Eriksen

Trondheim fue fundada en el año 997 por Olav Tryggvason. Sin embargo, las casas se habían construido en la desembocadura de Nidelven (el río Nid) mucho antes de esta fecha. Después de la batalla de Stiklestad en 1030, cuando el cuerpo de San Olav fue llevado a Trondheim, el pueblo cobró importancia. En el mismo año, el pueblo fue nombrado capital de Noruega y la catedral de Nidaros eventualmente se convirtió en uno de los santuarios peregrinos más importantes de Europa. En 1152 el pueblo fue proclamado sede del arzobispado y el palacio del Arzobispo se convirtió en el centro de poder de un reino que abarca desde Noruega hasta Groenlandia. La peste negra fue un gran problema para el pueblo, pero dejó de ser realmente importante cuando el rey danés introdujo la Reforma. En 1537 el último Arzobispo de Nidaros, Olav Engelbrektsson, huyó del país.

Durante los siguientes siglos, el pueblo pasó por muchas adversidades. Luego del Tratado de paz de Roskilde en 1658, Trondheim cayó en manos suecas, pero fue reconquistada justo siete meses después. En 1681 la ciudad completa fue totalmente incendiada. El rey ordenó al general mayor Johan Caspar de Cicignon que diseñara un plan completamente nuevo para la ciudad que todavía en la actualidad puede observarse en el plano del centro. Al mismo tiempo, se construyó el fuerte Kristiansten. Durante la Gran Guerra del Norte, un par de años después, este fuerte salvó a la ciudad de ser conquistada por un ejército sueco comandado por el general Armfelt. Durante su retirada, 3.000 soldados suecos murieron en una tormenta de nieve en las montañas de la frontera. Durante la misma guerra, el héroe de la marina Peter Wessel Tordenskjold de Trondheim se estableció como uno de los más famosos almirantes de la flota noruego-danesa.

El desarrollo financiero del siglo XVIII estuvo guiado por ricos comerciantes que exportaban e importaban mediante el uso de sus propios barcos. El más famoso de todos ellos, Thomas Angell, dejó su fortuna a los pobres de la ciudad. Sin embargo, las autoridades de la ciudad gastaron parte de este dinero en otros proyectos meritorios, que incluyeron las primeras obras hidráulicas de la ciudad, realizadas en 1777. Los acaudalados comerciantes generalmente vivían junto a Kjøpmannsgaten, con sus embarcaderos frente al río. Esto aún es un rasgo característico de la ciudad actual. Las grandes mansiones de madera de la ciudad, como la Residencia real, probablemente la más conocida, fueron construidas durante este período de prosperidad.

La entrada del viejo pueblo en Skansen

La industrialización en el siglo XIX generó un nuevo crecimiento para la ciudad. Se fundaron varias fábricas y talleres, y Trondheim se conectó con el sur gracias al ferrocarril. El ferrocarril que atraviesa Røros se abrió en 1877 y el que pasa a través de las montañas Dovre, en 1921.

A finales del siglo XIX, Trondheim también había adquirido un centro de Educación. El *Trondhjems Tekniske Læreanstalt* (Instituto técnico) fue fundado en 1870 y el *Norges Tekniske Høgskole*, NTH (El Instituto noruego de tecnología) fue establecido en 1910. Doce años después, el *Norge Lærerhøgskole*, NLHT (la Facultad noruega de educación) fue fundada y en 1968, Stortinget (el Parlamento Noruego) decidió establecer la Universidad de Trondheim que abarca NTH, NLHT y Vitenskapsmuseet (Det Kongelige Norske Videnskabers Selskab: la Sociedad científica real de Noruega). En 1996 todos los departamentos de la universidad fueron fusionadas en *Norges teknisk-naturvitenskapelige universitet* (NTNU), Universidad noruega de Ciencia y Tecnología.

El estado de la ciudad como centro de Administración y Educación causó un aumento de la población. En 1964, los municipios vecinos de Strinda, Tiller, Leinstrand y Byneset se unieron a Trondheim. Repentinamente apareció una gran cantidad de suburbios. Trondheim fue una ciudad industrial por mucho tiempo, pero su función como ciudad que da la bienvenida a la sabiduría e investigación ha ganado cada vez más importancia. Hoy en día, la ciudad tiene la segunda universidad más grande de Noruega, NTNU, y SINTEF, la renombrada fundación de investigación. En su posición de centro administrativo y ciudad de cultura, Trondheim desempeña una función importante para toda la región de *Midt-Norge*, Noruega central.

Tumba de San Olav

Posiblemente, la tumba de Olav se veía de esta manera. Esta imagen se basa en una fotografía de la antigua tumba de la iglesia de Thomas en Filefjell (1230–1250).

La tumba donde se mantenía el cuerpo de Olav constaba de tres ataúdes. Gracias a los generosos obsequios de los peregrinos para la iglesia, la tumba fue magníficamente adornada.

Peder Claussøn Friis (1545–1614), que era clérigo, describió la tumba: "…también han mejorado el féretro de San Oluff y lo han colocado en un cofre de plata, aunque también había dos féretros de madera en la parte externa adornados con oro, plata y piedras preciosas".

La tumba fue adornada con 180 piedras incrustadas en plata, dos enormes insignias doradas y una piedra azul incrustada en oro. La plata utilizada para la tumba pesó en total 87 kilogramos. Durante cada celebración de San Olav, sesenta hombres cargaban la tumba a través de las calles de la ciudad.

Luego de la Reforma, la tumba de Olav fue trasladada a Copenhague. La plata fue fundida para troquelar las monedas del reino de Christian III.

Rutas peregrinas en Europa

Literatura para peregrinos

Overnattingsguiden – Overnattingssteder langs pilegrimsveien fra Tønsberg til Nidaros (Una guía de posadas: lugares para descansar durante el camino del peregrino desde Tønsberg hasta Nidaros) Confraternidad de St. James, Kirkegt. 34a, N-0153 Oslo. Tel.: +47 22 33 03 11.

Pilgrim Road to Nidaros – St Olav's Way, Oslo to Trondheim by Alison Raju (Camino del peregrino hacia Nidaros: el camino de San Olav, desde Oslo hasta Trondheim por Alison Raju), Cicerone Press Ltd., 2002.

Pilegrimsguiden Tønsberg–Oslo–Hamar (La guía peregrina: Tønsberg – Oslo – Hamar). Por Eivind Luthen. Verbum Forlag, 2003.

Pilegrimsguiden Hamar–Nidaros (La guía peregrina: Hamar – Nidaros). Por Tormod Berger, Eivind Luthen

En reisehåndbok for pilegrimsveien fra Hamar til Nidaros (Un manual de viajes para el camino del peregrino desde Hamar hasta Nidaros). Verbum Forlag, 2003.

Pilegrimsleden til Nidaros – En guide til vandringen (La peregrinación hacia Nidaros: una guía para la caminata). Por Mari Kollandsrud, Gyldendal Norsk Forlag, 1997

Pilegrimsleden genom norra Klaraälvdalen och Trysil – en reseguide (El camino del peregrino a través del valle del norte Klara y Trysil: una guía de viaje), Museumssenteret Trysil Engerdal y Torsby Kommun, 2007.

Pilegrimenes vandring til Nidaros. En guidebok for pilegrimsleden Trysil–Nord-Østerdalen–Trondheim (Rutas peregrinas hacia Nidaros. Una guía para la ruta peregrina Trysil – Northern Østerdal – Trondheim). Por Mari Kollandsrud. Tynset Kommune, 1999.

Romboleden (el sendero del peregrino de Rombo). Por Ellen Zirr Brox, Selbutrykk AS, 2000

El camino del peregrino en Internet
www.pilegrim.info
www.pilegrim.no
www.trondheim.no/pilgrimage

Notas

Notas

Notas